现代高校教学实践与创新策略

黄建华　著

云南出版集团

云南美术出版社

图书在版编目（CIP）数据

现代高校教学实践与创新策略 / 黄建华著. — 昆明：
云南美术出版社，2023.6
ISBN 978 - 7 - 5489 - 5343 - 2

Ⅰ. ①现… Ⅱ. ①黄… Ⅲ. ①高等学校 - 教学研究
Ⅳ. ①G642.0

中国国家版本馆 CIP 数据核字（2023）第 100188 号

责任编辑：刁正勇
责任校对：梁 媛 黎 琳 李 平
装帧设计：刘慧敏
封面设计：寓 羽

现代高校教学实践与创新策略

黄建华 著

出版发行：云南出版集团
　　　　　云南美术出版社（昆明市环城西路 609 号）
制版印刷：昆明德厚印刷包装有限公司
开　　本：787mm×1092mm　　1/16
印　　张：6.5
字　　数：250 千字
版　　次：2023 年 6 月第 1 版
印　　次：2023 年 6 月第 1 次印刷
书　　号：ISBN 978 - 7 - 5489 - 5343 - 2
定　　价：45.00 元

前　言

随着社会经济的快速发展、互联网的普及、信息化进程的不断加快，我们进入了高速发展的时代，并且其发展速度惊人。人工智能化、高等教育教学管理的精英化逐渐转向大众化，人们逐渐认识到高等教育带来的社会变化及影响，也在不断地创新发展高等教育教学的育人管理、教育理念、课程管理、学生管理、教师管理和行政管理等各方面内容。基于此，对现代高校教学实践与创新策略进行研究具有十分重要的现实意义。

本书首先对高等教育作了概述，阐述了高等教育的本质论、高等教育的目标等内容，并简要介绍了高校教学原则、方法及策略；然后分别对高校教师队伍建设、高校信息化教学资源库的建设展开论述；最后结合实践，对高校教学中新媒体技术的应用以及高校教学的未来发展进行剖析与探讨。希望通过本书的介绍，能够为读者提供有关高校教学实践与创新策略方面的帮助。

本书在写作过程中，笔者参阅了相关文献资料，在此，谨向其作者深表谢忱。

由于水平有限，疏漏和缺点在所难免，希望得到广大读者的批评指正，并衷心希望同行不吝赐教。

著　者

2023 年 4 月

目　录

第一章 高等教育概述

第一节 高等教育的本质论

一、价值观角度的教育本质论

价值观角度，即从教育具有的社会价值、功能和作用来判断教育的本质属性。教育是以人为对象的活动。教育的根本目标是促进个人生理和心理全面和谐地发展。同时，教育是一种社会活动。教育来源于社会生活，并在其作用下，将生物意义的人培养成社会人，教育的发展受到社会发展的影响和制约。因此，教育是产生于人类社会，同时又作用于人类社会的。教育也是人类活动的重要表现之一。人类在长期适应环境和生产活动中积累了丰富的经验，除了生理遗传外，这些经验的传递主要是通过教育和学习来完成的，这也被称为教育遗传。基于这三种观点，就形成了个人本位、社会本位和文化本位三种教育本质论。

（一）个人本位论

个人本位论，即根据个人发展的需要确定教育目标和进行教育的理论。最早的提倡者是古希腊的智者学派，他们否认权威，反对束缚，强调个人的自由权利，主张教育的根本在于发展人的个性和造就个人。

18世纪，法国著名思想家卢梭的自然教育理论指出：人的本性是善良的，人人都是自由平等的。他将教育划分成"自然的教育""事物的教育""人的教育"，认为只有这三方面的教育协调一致时，儿童才能受到良好的教育。卢梭强调尊重和爱护儿童善良的天性，让儿童摆脱偏见及恶习的影响；主张教育要与儿童的自然发展一致，要遵循自然，让儿童自然地、自由地成长。卢梭从"归于自然"的理论出发，重视儿童成长的阶段性和顺序性，强调要根据人们不同年龄时期的身心特点实施教育。卢梭开创了个人本位论的先河，洞察了儿童自然发展阶段这一重要教育规律。卢梭的教育思想成为近代教育思想的源泉，近现代很多教育家在不同程度上都是卢梭教育思想的延续者。

英国哲学家、教育家斯宾塞在卢梭的"自然人"理念基础上，提出了"完美生活预备说"。他在《教育论》中指出："怎样生活？这是我们的主要问题……怎样运用我们的一切能力使对己对人最为有益？怎样去完美地生活？这个既是我们需要学的大事，当然也是教育中应当教的大事。为我们的完美生活做准备是教育应尽的职责，而评判一门教学科目标唯一合理办法就是看它对这个职责尽到什么程度。"斯宾塞把直接关系个人安全、完美生活的活动列为人类生活的首位，主张把使人获得直接关系到自己生命安全的知识看作教育中头等重要的事。

英国哲学家、数学家罗素进一步将个人本位论上升到精神道德教育层次。他认为，教育最重要的目标之一便是通过多方面的陶冶和训练使人具备完善的品行和理智，通过道德观念和原则逐渐内化为个体的习惯和行为，达到心智通达、举止得体。

虽然个人本位论者对教育的认识和看法各不相同，但是他们都认为教育就是对人的培养，人是教育的第一要素，也是教育的核心所在。因此，一切教育活动都应该围绕着人展开，教育必须以人的存在为前提，应遵循人的发展规律进行有顺序的阶段教育。个人本位论认为，个人的发展是高于一切的，教育的职能就是使人的健全机能能够不受影响地得到发展，教育必须根据个人的发展需要来实施。

（二）社会本位论

社会本位论主张教育目标应根据社会要求确定，认为：个人的发展依赖于社会、受社会制约，真正的个人是不存在的；人之所以为人，是因他生活于人群之中，参与社会生活，人的一切都离不开社会。

随着社会化大生产成为最主要的生产方式，科学技术日益显现出其社会作用。社会分工的细化和劳动的集约化发展极大地促进了社会科学的发展，社会作为人类活动最基本的群体关系越来越显示出其特殊而又重要的作用和地位。在这种社会背景下，法国著名教育学家、教育社会学的创始人涂尔干集前人研究之大成，提出了社会本位论的教育价值取向。指出教育是社会结构和社会秩序再生产的手段，教育的功能在于使年轻的一代"社会化"，使年轻一代既具有他们所属社会每个成员必备的同质性，也具有各自的某些异质性。他主张教育科学的唯一作用在于认识教育事实。他强调为了科学地研究教育，应以社会学与心理学及其合作为基础，教育学必须汲取社会学的观点和方法。

社会本位论认为，完全"孤立"的人是不存在的。人是社会动物，离开了社会的个人是无意义的，个人的一切发展都依赖于社会。教育的目标就是使个人社会化，个人不过是教育的"原料"，不具有任何决定教育目标的价值。教育目标在于使个人适应社会活动，为社会做贡献。教育的过程就是把社会的价值观念或集体意识强加于个人，把不具有社会特征的人改造成具有社会所需的个人品质的"社会新人"。因此，教育除了社会目标以外，并无其他目标，而教育的结果也只能以其社会的功能来衡量。

（三）文化本位论

德国教育学家斯普兰格从个人本位论与社会本位论的争论中另辟蹊径，提出了"文化哲学"的概念。斯普兰格的"文化"概念是指人类在适应和改造环境的过程中所表现出的能力及其结果。他认为，文化和个人同属精神范畴，是不可分离的，但是个人是主观精神，文化是客观精神。文化哲学把文化视为一种超个人结构的客观精神，而个人作为主观精神，只有在与文化的联系中才可能生存。个人生活须受文化的支配和制约，但是个人对文化的依存关系不是一种因果关系，文化并不必然促使个人发展。只有当人格具备意识和体验价值的能力时，文化才会对个人产生影响，否则文化就是潜在的、无用的精神内容，个人可以通过其创造性活动来推进和发展文化。斯普兰格认为，教育的文化繁殖是一种精神繁殖，而不是生物界的生理繁殖。精神繁殖就是指精神文化的进步离不开教育过程。教育不断地把上一代精神传递给下一代，教育事业一旦停止，精神文化便会逐步消失。教育对个体而言是使未成熟者适应社会文化，对社会而言是使历史上已形成的文化得以保存。同时斯普兰格又明确指出教育具有创造文化的作用。

　　总之，文化本位论认为，文化是个人外化的经验，是社会形成和发展的基础。教育最根本的作用就是促进和推动文化的传播和发展。无论对个人还是社会，教育的全部内容都属于文化，离开了文化，教育也就无从谈起。因此，教育的根本问题就是文化问题，教育的目标就是文化的目标，教育的价值取向也就取决于文化的价值取向。

二、意识形态角度的教育本质论

　　教育本质论，是关于教育根本性质及其规律的理论，主要回答"教育是什么"的问题。我国著名教育家杨贤江在《新教育大纲》一书中提出教育本质问题，认为教育是观念形态的劳动领域之一，教育是上层建筑。关于教育本质，即教育的社会属性，学界有过热烈讨论，大致有以下几种观点。

（一）教育是生产力

　　这种观点认为，教育特别是高等教育已间接或直接参与了物质生产过程，成为现代化生产力的重要因素。教育的组织形式、教育方法、教育技术及教育事业的规模和速度等，与生产力有直接联系。还有人认为，把教育看作生产力，既是客观存在，又是客观需要；既有助于改变"教育是消费"的偏见，又能提高教育地位，增加教育投入。

（二）教育是上层建筑

　　这种观点认为，在整个社会结构中，教育思想、理论、方法、内容等，都属于社会意识形态范畴；教育没有参于生产，同社会生产力没有直接联系。如果否认教育是上层建筑，便是否认教育的社会性，这将导致办学方向的偏离，违背教育规律，削弱学校功能。教育思想、理论、观念等属于上层建筑。教育培养出来的人是生产力最重要的因素，教育可以把科学技术这种潜在生产力变为现实生产力，尤其是高等教育具有直接为社会建设服务的功能。因此，教育既有社会属性的一面，又有生产属性的一面。

（三）教育是社会实践活动

　　教育既有政治功能、经济功能，又有传递和发展文化、服务社会、培育人才等功能。教育即培养人、造就人的活动。教育是把自然人培养成社会人，促使个体社会化的过程。人只有经过教育才能成为社会人，教育的主要功能是育人。教育是人类社会特有的活动，其最本质的特点是传承和发展文化知识，培育人才，以及为社会服务。

三、高等教育的本质

在以往的研究中，关于高等教育本质问题的论述一般都是套用教育本质的概念，然而高等教育与普通教育无论是在内涵上，还是在研究方向、研究方法上都存在极大的差别。

（一）高等教育是一门科学

和其他科学类型一样，高等教育有其独特的规律，这些规律是不以人的意志为转移的，而高等教育学就是研究和揭示高等教育规律的科学。只有认识到高等教育是科学，才能以科学的态度去对待它。我国高校中仍有相当数量的教师和管理人员没有认真地学习过教育学、心理学、高等教育管理等教育基础学科，这种情况十分不利于我国高等教育的发展。

（二）高等教育是特定阶段

我们所说的高等教育即高等学校教育，主要是指大学阶段的教育（继续教育中也有一部分属于高等教育范畴）。大学作为职前教育的最后阶段，是青年学生社会化的重要阶段。学生将从这里开始走向社会，成为真正意义上的独立的人。在高等教育阶段，学生的思维模式逐渐定型，自我意识和独立意识急速提升，开始形成独立的人生观和世界观，并在体现自我价值的思想驱动下产生强烈的求知欲望。因此，高等教育要为学生提供的不仅仅是前人的知识和经验，还要为未来的发展提供更为广阔的天地，让他们了解社会，了解科学的前沿，陶冶他们的情操，并培养他们的爱国主义精神、科学精神和人文主义精神，使他们能够顺利地成长。

（三）高等教育培养特定人才

社会化是教育的目标之一，在高等教育阶段，其社会化的要求和方向更为明确。高等教育为社会服务的功能比其他任何层次的教育都更为直接和有效。专业教育是高等教育不同于普通教育的一大特征。每一个大学生都有自己的专业，专业的划分主要是以科学为参照，同时兼顾行业的分类。因此，高等教育对每一位学生来说都有很明确的指向性。高等教育的要求也比其他教育更高，是以培养高级人才为目标的。因此，高等教育无论是在培养目标、培养层次还是培养方向上，都有其特殊性。

四、高等教育的规律

高等教育学家认为，在诸多教育规律中，有两条规律是最基本的：一条是关于教育与社会发展的规律，被称为教育的外部关系基本规律；另一条是教育和人的发展关系的规律，被称为教育的内部关系基本规律。教育的外部关系基本规律表现为教育受社会、经济、文化等因素的影响和制约，同时又对其发生相应的作用。教育的外部关系基本规律在高等教育中表现得更为突出。教育的内部关系基本规律是指在教育的过程中，各种教育因素之间的关系和联系。如教育者、受教育者和社会影响之间的关系；德育、智育、体育、美育之间的关系；教育与人的身心发展阶段之间的关系，各阶段教育之间的关系和衔接等。教育的外部关系基本规律虽然能够影响和制约内部关系基本规律的发展，但是教育的外部关系基本规律只能通过内部关系基本规律来实现。在教育的外部关系基本规律和内部关系基本规律的影响下，大学教育规律呈现以下几方面特征。

（一）既是教育机构又是研究机构

大学作为高等教育机构，教育理所当然是大学的首要任务。大学是传播最前沿知识的场所，是培养高级人才的基地。现代大学除了是教育基地外，还是科研中心，现代大学的发展和繁荣离不开大学的科研活动。因此，大学教师不单是优秀的教育工作者，还应该是杰出的科研工作者。

（二）以自主学习和研究型学习为主

大学生们处于身心成熟的旺盛阶段，有着极其强烈的求知欲，仅凭教师上课传授的知识远远不能满足他们的好奇心。青年们心智的发展使得他们经常体现出强烈的自我意识，因此在学习上以自主学习为主。大学教育不是以知识的灌输为目标，而是尽可能地向学生们展现各学科领域的发展水平和发展前景，并以培养各领域的专家为目标。因此，研究型的学习在大学阶段也必不可少，其是培养创新人才的必要手段之一。

（三）大学教育是一种社会活动

教育是一种社会活动，高等教育更是与社会经济、政治、文化的发展紧密相连。现代大学的社会性在不断增强，大学要适应社会的发展和变化，不能以稳定为由停滞不前。世界上事物的稳定是相对的，发展变化是绝对的，大学同样如此。大学主要通过培养人才为社会服务。从资源配置上来说，大学教育是公共活动，因此，大学也具有社会公益性，必须为社会的物质文明和精神文明建设服务。大学要充分依靠社会，利用社会力量办学。大学教育投资巨大，不可能完全依赖国家，因此必须实行办学主体多元化、经费来源多元化。大学是为社会各方面培养人才的，因此社会各方面都应该支持和帮助大学发展。

（四）大学教育是时代的反映

大学教育有着鲜明的时代性。大学只有不断地创新教育，不断地顺应时代的潮流，才能生存和发展。从古至今，大学在顺应时代的需求中不断地进行自身变革，并在一连串的变革中发展壮大。英国教育家阿什比曾经说过，任何类型的大学都是遗传与环境的产物。大学不可能脱离时代孤立地发展，它需要随着时代的变化不断被赋予新的内涵，从而具有持久的活力。同时，现代大学是一切新思想、新科学的发源地，因此大学教育的时代性还体现在思想的适度超前上。

第二节　高等教育的目标

一、教育的目标

教育的目标是指希望通过教育活动所获得的教育结果，其中对于教育者的基本素质和能力要求最为重要。教育目标是一种理想，它与现实之间总存在着或多或少的差距，正因为如此，它为教育活动确立了一个追求的方向，并能从宏观到微观的各个方面有形或无形地对教育实践活动起到定向、引航的作用。教育目标的主观性质并不意味着教育目标是意志自由的产物，是随心所欲空想的结果，它是建立在客观现实的基础上的，是人们对客观现实的主观反映。教育目标同个人理想、社会理想等紧密地联系在一起。

二、高等教育的目标

教育目标指培养人的总目标，不同的时代有不同的目标。古人把"五伦"作为教育目标，即"父子有亲，君臣有义，夫妇有别，长幼有序，朋友有信"。有学者主张"教育在于使青年社会化——在我们每一个人之中，造成一个社会的我，这便是教育的目标"。有人提出："教育在发展健全的个性。"有教育家主张："教育在使人各项能力得到自然的进步与均衡的发展。"还有人主张："教育即生长（促进个体生长）。"高等教育的目标是教育目标在高等教育阶段的具体落实，它集中反映了一定历史发展时期社会政治、经济、科技、文化发展对高等教育的要求。高等教育的目标是高等教育实践活动的起点和归宿，贯穿高等教育活动的全过程。

三、高等教育培养目标

高等教育培养目标是指高等教育培养人的总的素质目标和能力要求。从整体上说，高等教育承担着培养高级专门人才、发展科学技术文化、促进现代化建设的重大任务。要牢固树立人才培养在高校工作中的中心地位，着力培养信念执着、品德优良、知识丰富、本领过硬的高素质专门人才和拔尖创新人才。

高等教育主要分为专科教育、本科教育和研究生教育三个层次，其培养目标各不相同。

（一）专科教育

专科教育应当使学生掌握本专业必备的基础理论、专门知识，具有从事本专业实际工作的基本技能和基础能力。

（二）本科教育

本科教育应当使学生比较系统地掌握本学科和本专业必需的基础理论、基本知识，掌握本专业必要的基本技能、方法和相关知识，具有从事本专业实际工作和研究工作的基础能力。

（三）研究生教育

硕士研究生教育使学生掌握本学科坚实的基础理论、系统的专业知识，掌握相应的技能、方法和相关知识，具有从事本专业实际工作和科学研究工作的能力。博士研究生教育使学生掌握本专业乃至跨学科的全面系统的基础理论、严谨深入的专业知识、相应的技能和方法，具有独立从事创造性科学研究工作和实际工作的能力。

第三节　大学教育的主要构成

一、大学的教育理念

大学是实施高等教育最主要的机构，高等教育的目标与任务也是主要通过大学得以完成和实现的。因此，大学在高等教育中有着极为重要和特殊的地位，大学教育的成功与否将直接影响高等教育的成败。然而，成功的教育取决于成功的教育理念。理念属于观念形态的范畴。理念产生于实践，是在人的头脑里形成的较为稳定的、系统的、理想化的认知和观念，对实践起指导作用。教育理念是关于教育发展的一种理想的、永恒的、精神性的观念，它反映了对教育本质的看法，从宏观上回答了为什么要办教育、怎样办教育等问题。要研究大学教育，就需要从大学的教育理念入手。大学的教育理念是指研究大学在自身发展和社会发展中的角色定位问题，涉及大学的性质和目标、职责与使命等相关概念，从根本上回答了"大学是什么"的问题。它揭示了大学的性质，反映了人们对大学的认识。

人们最早提出的大学的教育理念是传授知识。19 世纪的学者将古典主义的大学教育进行归纳总结，提出大学是一个传授普遍性知识的场所，并且知识的各分支是相互联系的。大学不将课程局限于特定的专业，其目标就是为了取得完整系统的知识。提出者认为，大学应该提供理想的学习环境，促进学生智力的发展和社会格调的提升。1810 年，柏林大学的成立是高等教育发展史上的一个重要里程碑。其主要创始人洪堡率先提出了大学具有学术责任的理念，即洪堡理念。针对大学进行科学教育，洪堡提出了五条原则。

第一，科学是某种还没有得出完整结论的东西，还没有被完全发现、完全找到的东西，完整性的结论取决于对真理和知识永无止境的探求过程，取决于研究、创造性以及自我行动原则上的不断反思。

第二，科学是一个整体，每个专业和学科都是从不同角度对现实生活的反思，对世界的反思，对人的行为准则的反思。唯有通过研究、综合与反思，科学才能与手工业区别开来。

第三，科学首先有它的自我表现目标，至于它的实用性，则是第二位的。然而，对真理进行的这种自由式目标的探求，可能反映出的最重要的是实用性知识，并能服务于社会。

第四，科学是与大学联系在一起的。唯有通过学术研究、科学交流以及对整体世界的反思，才能培养出最优秀的人才。大学生要学的不是材料本身，而是对材料的理解。唯有这样，他们才能形成自己独立的判断力和个性，才能获得技艺、能力。

第五，高校的生存条件是孤寂与自由，这就是学术自由，必须保护科学的自由。

洪堡的理念是划时代的，他的唯科学主义为大学注入了新的活力。在其影响下，以柏林大学为首的德国大学迅速地繁荣起来，在此后的一百年时间内成为世界学术的中心。洪堡理念对现代大学的发展有着举足轻重的作用，柏林大学被后人称为第一所具有真正意义的大学。以洪堡理念为基础的德国的大学，对19世纪后半叶美国的大学的发展产生了极大的影响。与德国的大学重视纯理论研究相比，美国的大学更为注重生产技术的革新。

综上所述，一般认为，现代大学的教育理念是人才培养、探求真理和服务社会，即教学、科研和服务。随着近年来大学的发展和经济全球化的影响，跨国间的学术交流和人才交流日益频繁，大大促进了多元文化间的理解与合作，因此有人提出文化交流（有人也称之为国际化）是新时期的大学教育新理念。

在现代大学建设中，有些人热衷于追求楼房高、规模大、学科全。这是一种片面的思想，必将误导教育事业的发展。大学的特点主要包括大学有大师——师德高尚、造诣精深、诲人不倦的高素质、高水平教师；大学有大业——校舍充足、设施先进、资料丰富的优质资源；大学有大度——囊括大典、海纳百家、学术自由的大学涵养；大学有大雅——追求真理、校园文明、美化人生的大学氛围；大学有大爱——爱祖国、爱人民、爱教师、爱学生，人人都有一颗爱心；大学有大学生——要关爱学生、尊重学生、培育好每个学生，促进学生全面发展。

二、现代大学的性质

大学的性质和功能是随着社会的演变不断发展和变化的，是由当时的政治、经济、文化等因素决定的。当今社会呈现出工业化、信息化、城镇化、市场化、国际化深入发展的趋势。大学的性质主要体现在学术性、综合性、社会性、开放性和国际性五个方面。大学的功能主要体现在教育功能、服务功能、产业功能、创新功能和交流功能五个方面。

（一）大学的学术性

大学是研究学问的机构，是探究学术的殿堂，是交流学术的场所。大学不仅承担对已有知识的继承、传播和应用，还要对未来知识进行创造。对已有知识如何认识、继承、传播和应用，人们有不同的看法；对未来知识如何看，由于它的不确定性，更是见解各异。这些都需要积极探索、勇于实践。

大学的学术性首先体现在大学对学术的执着探索和追求上。学术无禁区，学术无国界。学校要创造民主、宽松的环境，鼓励教师、学生勤奋学习，大胆探索。在坚持相关原则的前提下，解放思想，勇于创新。让广大教师、学生在知识的海洋里尽情地遨游和钻研，并且有安全感。其次，要淡化权威，即淡化管理者的权威，淡化学术"权威"，提倡在真理面前人人平等，在学术面前人人平等，不要用任何条条框框束缚教师、学生的思想和手脚，提倡敢于打破禁区，勇于追求真理，以实践作为检验真理的唯一标准。

大学的学术性应体现在大学教师是学者上。大学教师的主要任务是向学生传授知识，教好书，育好人，这是毫无疑义的。但作为大学教师，必须通过自己对知识的研究和探索，才能完成好教学任务。不从事科学研究、学术研究的教师，就不可能激活教学，不可能激活学生的思维和兴趣，不可能提高教学质量。大学教师不能成为已有知识的"传声筒"，不能仅做照本宣科的"教书匠"，而要从事科学研究，包括基础理论研究和应用研究；要从现实社会、经济发展的需求出发，充分利用学校的条件和个人的智力优势，承担科研项目，也可以自选科研项目。大学教师应兼有教学与科研的双重任务。当然，某一时期是侧重于教学或是侧重于科研是必要的，也是必然的，但不能将二者割裂开来。为了深入地做好科研工作、实验工作，更好地做学问，大学需要有一支以从事科研为主的教师队伍。因为做科研、做学问需要投入大量的时间和精力，要有持之以恒、锲而不舍的精神，要有特别的思维能力、动手能力、创造能力和管理能力，这并非每个人所能为之，所以要有一支专门的科研队伍，当然，他们也应适当承担一些教学任务。

大学的学术性还应体现在学生要积极从事科研活动和学术活动上。大学生尤其是研究生是一支充满朝气和活力、思维敏捷、精力充沛的科研力量。教师要引导学生积极参与科研活动，要鼓励学生大胆探索、大胆怀疑。学校应为高年级学生和研究生配备科研导师，让他们参加导师的科研课题，由导师指导他们的科研活动。学校还应创造条件组织多种多样的课外科技活动、学术活动，举办科技节及学术报告会，为他们创造施展才华的舞台，在学生中形成浓厚的刻苦钻研、互相探讨、互相切磋的学术氛围。

（二）大学的综合性

高等教育办学机构包括大学、专门学院、专科学校、高等职业学校、继续教育学院、高等教育自学考试辅导学校等。这里所述的大学主要指至少设有三门以上国家规定的学科门类、能够培养本科及本科以上学历的学校，这种大学是综合性的。

大学是为社会培养高素质、高层次、高水平现代人才的基地。现代人才应具有复合性知识结构，因为单一的知识很难适应现代社会和经济发展的需要。在计划经济体制下，社会主要需要专门人才。过去，一个人在一个岗位上数十年如一日不变动，只要安于本职工作以及有一技之长就能适应当时的社会。而现代社会，经济结构、产业结构不断变化，一个人不可能在一个岗位上始终不变，必然会面临多次选择、变动。只有具有复合性知识结构的人，才能适应社会、市场和工作岗位的不断变化。

现代科学技术发展的一大特点是多学科的融合，即两门或两门以上的学科互相交叉、渗透、融合产生新的学科。只有单一的专业知识已不能适应现代科学技术发展的需要，作为培养高科技人才的大学，必须培养具有复合性知识的人才。要培养具有复合性知识结构的学生，大学自身必须是综合性大学，包括文、理、工、医、农等学科或其中的几科。大学的综合性还体现在教育内容的综合性上。但如果在教学内容、课程设置上仍然以专业教育为中心，将专业类课程安排得过多，而忽视基础课教育、人文教育和交叉学科教育，则失去了大学综合性的实际意义。大学综合性的优势之一在于它可以开设数百门以上的各种专业、各种类型的课程。学校应制订科学合理的教学计划，构建学生复合性、综合性的知识结构。公共基础课、专业基础课、专业课、选修课等课时及教学内容应有合理的比例，给学生较多的选择机会，做到文理渗透、理工交叉。无论什么专业的学生都应学习一些人文科学知识，接受自然科学、艺术、美学、体育等方面的教育，这不仅有助于学生拓宽知识面，而且有助于学生形成完整的人格。

大学综合性的另一优越性就是可以利用学校多学科的合作，开展一些大型的科研项目、科技攻关项目，帮助工厂、企业或政府解决管理、技术改造中一些综合性的问题，充分发挥大学服务性、创造性的功能。

大学的综合性与综合性大学不完全相同。前者泛指一般大学，包括多学科大学、学院等，在学科设置上、教学内容上都应体现综合性；后者是指少量的、特定的大学。一个国家、一个地区的综合性大学不宜过多，占高校总数的十分之一即可。这类大学是重点大学，以研究为主。国际上一流的综合性大学也只有若干学科是一流的，以培养研究生为主。所谓名牌大学、一流大学，最主要的标志是有一流的大师、名师，这些教师应有渊博的知识，具有复合性、综合性的知识结构，这样才有创造能力，才能培养高水平的学生。

一些专业性较强的学院，以及专科、高职学校可能不是综合性大学，但也必须注意对学生进行拓宽知识面的教育，不能将知识局限于某一专业的范围内，而要在公共基础课中、在选修课中开设通识教育课、文化素质修养课、非专业类的交叉课程等。大学的综合性，最终目标是培养学生具有综合性的知识结构，这一点各类高等教育机构都不容忽视。

（三）大学的社会性

大学是社会的产物，大学要随着社会的变化发展而不断变化发展，大学要为社会的发展、为人的发展服务，这是大学的本质特征。

多年来，教育界对大学是否要适应社会的发展有不同的看法。有人认为，大学有自己的独立性和规律性，不应该跟着社会跑。有人认为，大学应保持稳定，不能为适应社会而不断变化。比如在刚兴起商品经济、市场经济热潮时，有人提出高等教育要主动适应商品经济和市场经济，高等学校要面向社会、走向市场，要发展教育产业和教育市场，这遭到了不少人的强烈反对，其理由就是"教育有自己的规律""大学要保持稳定"。但他们恰恰忽视了教育的一条基本规律是社会适应性。教育如果不适应社会，社会就没有必要办大学。一所脱离社会现实的大学是不可能生存下去的。有些人虽然口头上也承认教育要适应社会文化、经济的发展，但实际上并非如此，口头上说市场经济很好，实际上又反对大学融入市场经济，这就违背了大学社会性的本质。

大学的社会性主要体现在以下三个方面。

一是大学要适应社会的发展和变化。从世界教育史看，以前的大学适应农业经济的发展，工业革命后的大学适应工业经济的发展，20世纪80年代以来的大学适应后工业社会的发展，21世纪的大学则要适应知识经济的发展。教育的规律性与教育要适应社会并不矛盾。前者是指在办学过程中要遵循教育规律，是大学的内部规律；后者是指大学的外部规律，因此都应该遵循。

二是大学要服务社会，推动社会的发展。大学主要是通过培养人才为社会服务的，大学要根据社会的需求，努力培养各类合格人才。学校要主动面向社会、面向人才市场做调查研究，在专业设置、教学内容、人才素质等方面要符合社会的要求。大学为社会服务还应体现在积极参与社会的建设和发展上，面向经济建设，深入工厂、企业，充分利用学校的教育资源、智力优势，帮他们攻克难关，合作开展科研和技术活动。大学教育是国家事业、社会事业，是一种崇高的公益事业。从资源配置来说，大学教育是准公共活动，由此大学也具有社会公益性，必须为社会的物质文明和精神文明建设服务。

三是大学要充分依靠社会，利用社会力量办学。大学教育是非义务教育，不能完全依赖国家投入，而要实行办学主体多元化、经费来源多元化。大学是为社会各方面培养人才的，社会各方面应支持和帮助大学的发展，为学校提供资金、设备、信息、后勤等方面的服务，这不仅有利于学校发展，也有利于社会发展，真正使大学成为全社会的事业。

（四） 大学的开放性

现代大学的特性必须是开放的，开放也是现代大学的一个重要功能，其原因有三。

第一，市场经济体制下，国家对大学采取扶持政策，大学必须主动面向社会、面向市场，才能生存下去。第二，随着经济的蓬勃发展，高等教育也有了很大的发展，人们上大学的机会越来越多，上大学的选择性越来越大，大学必须提高质量、办出特色才有生源。因此，大学要开放办学，主动吸收社会力量参与办学，根据社会需求来办学，才能提高质量、办出特色。第三，在信息时代，高新技术迅速发展，新的知识急剧增长，任何国家的任何大学只有对外开放，走出国门，加强国际交流、国际合作，才能不断吸收世界先进的科学文化知识。

大学的开放性，其内容和功能是多方面的。

一是大学要拆除与社会隔绝的"围墙"，敞开大门，走向社会。大学应深入社会调查研究，了解社会需要大学做什么，培养什么样的人才，并依此修订教育计划、培养目标，根据社会的需要更好地为社会服务。

二是让社会资源进入学校。大学是全社会的事业，要依靠社会力量办学，鼓励和欢迎社会有关部门参与办学，请他们帮助学校制订教育计划和培养目标，建立产学研相结合的办学体系，聘请有扎实理论和丰富实践经验的专家到校任教，吸收社会资源办学，或者可以把学校后勤交给社会去办。

三是大学的教育资源向社会开放。大学有丰富的教育资源，有很大的教育空间，应该对社会开放，主动为社会服务。如实行多种体制、多种办学形式，为社会培养各种层次、各种素质的人才，满足各部门、各种人对高等教育的需求。大学的课程、科学知识讲座等对外开放，允许校外有关人员到学校听课、进修；学校科技市场对外开放，允许社会有关部门来学校挑选科技成果；学校人才市场对外开放，允许社会各方到大学来择优选用毕业生。大学的开放还应体现在建立开放的成人教育体系、岗位培训体系、职业教育体系等方面，以适应社会的需求。

四是大学要对国际开放。现代大学不仅要走出校门办学，而且要走出国门办学，加强与国际高校的交流、合作，努力引进优质教育资源，吸引国际知名学校、教育和科研机构以及企业，合作设立教育教学、实训、研究机构或项目。各级各类学校要积极开展多种形式的国际交流与合作，举办合作学校或合作办学项目，吸引世界高水平的专家、学者来大学从事教学、科研和管理工作，引进优秀教材。我们的教师也可以到外国去讲学、进修，或者适当鼓励学生出国留学。

（五） 大学的国际性

在社会经济和科学技术不发达的时代，大学通常局限在本国发展，封闭在院墙内办学。随着高新技术、信息社会和经济全球化的发展，大学国际化进程加快了。大学的国际性（即国际化）就是要将国际的教育资源为自己所用，或是要积极向外国开放国内教育资源。大学的国际性主要体现在以下五个方面。

1. 树立教育国际化的观念

大学教育的国际化已成为全球性潮流。有些人担心，大学的国际化会带来文化渗透，会冲击传统文化，削弱学校的思想教育工作。这种担心是有道理的，我们应加以警惕，做好防范工作。但决不能因噎废食、一叶障目，不能只看到教育国际化带来的消极影响，还要看到它主流的、积极的一面。早加入教育国际化的行列，便可早日利用国际教育资源，加强国际的教育交往。只有这样才能了解和掌握世界上最新的科技发展动态，才能吸收世界上最新的信息，才能使本国置身于国际环境中，以适应现代社会发展的需要，促进高等教育发展和社会发展。

2. 确立教育国际化的培养目标

大学在制订教学计划和培养目标时，要注意培养学生的国际观念、国际意识，使其树立为全球服务、向全球开放的观点；培养学生的国际交往能力，能与外国人和谐相处；培养学生至少熟练地掌握一门外语，具有一定的国际知识，了解外国的历史、地理、风土人情等。

3. 构建教育国际化的课程体系

随着经济全球化的到来，高层次人才跨国流动日益频繁。为了使高层次人才适应国际社会需要，大学必须符合国际高等教育质量标准，适应国际"质量认证制度"，否则大学及人才就不可能跻身国际教育市场。因此，大学必须改革教育内容和培养模式。在公共基础课和文化素质修养课中开设国际教育方面的课程，如国际经济、国际贸易、国际文化，以及介绍外国历史、地理等方面的课程。教师在本学科、本专业的教学内容中，要注意介绍国外最先进的科学文化知识和科技成果，选用国际上最先进的教材，吸引外国专家、学者来讲学。大学尤其是重点大学，要培养大批能进入国际市场的各类人才，不能仅立足国内。

4. 努力发展国际教育市场

经济全球化的到来，既是一个良好的发展机遇，也是一个严峻的挑战。一方面，我们要及时抓住机遇，充分利用国际组织中对大学有利的一些内容，如优惠政策、保护政策，充分利用外国对全球开放的教育资源，为本国的教育事业服务。另一方面，大学必须提高教学质量，将教育市场推向世界，吸引更多的外国留学生来学习。所以，努力提高教学质量、健全和发展国际教育市场，是亟待解决的问题。

5. 积极开展国际合作办学

有人担心，国际合作办学会影响本国的教育主导权，这种担心是不必要的。一方面，有条件的大学应从人才的需求出发，与国外高水平大学合作办学、办专业，利用他们在师资、科技、设备方面的优势，合作培养人才，这样培养出来的学生毕业后能较快适应国际社会和国际市场；另一方面，有条件的大学也可以走出国门，到国外去办学，以加强教育的国际交流，广泛开展国际合作和国际教育服务。

三、现代大学的功能

（一）大学的教育功能

大学是一个高水平的教育机构、学习场所，大学的教育功能主要体现在以下两方面。

1. 传授知识

大学要把人类积累的科学知识的精华，根据社会、学科和专业的需要，传授给受教育者。世界上的知识如同浩瀚的海洋，取之不尽，是任何一所大学或个人都不能教完或学完的。各大学要从实际出发，做好知识的选择和传授工作。

2. 思想道德教育

传授知识是大学的基本职能，教会学生成才必备的知识和本领。但现代大学不能只教会学生谋生，还必须教会学生"如何做人"。要培育学生有明确的人生目标、学习目标，有高度的社会责任感和事业心，有为社会发展、人类进步奋斗的精神，成为德才兼备、知行并进的一代新人。在市场经济、多元文化和多种价值观大融合的当代社会，青年学生会受到各种思潮的影响，其中难免有消极的、错误的思想。另外，由于他们从小接受不同的教育，素质、基础、个性各不相同，大学有责任对每个学生加强教育，帮助他们去除身上的缺点和消极因素。教书先教人，育才先育人。只有培养青年学生积极的人生态度和不断进取的精神，才能产生良好的效果，才能使他们努力学习、刻苦钻研，掌握更多的科学文化知识，将来奉献给社会和人民。因此，每位教师都要把传授知识与思想品德教育紧密结合起来，把育才与育人紧密结合起来。衡量一所大学教育水平的高低，最重要的是看毕业生对社会做出贡献的大小。

大学要充分发挥教育功能，必须有一支高素质、高水平的教师队伍。大学的教育性首先体现在对教师的教育上。一方面教师要有广博精深的科学知识和实践能力；另一方面要具有高尚的品德和人格，具有育人的意识和育人的能力。教师要照亮别人，自己身上必须有闪光点；教师要点燃别人，自己身上必须有火花。作为一名教师，应做到师德、师智、师能并重，对学生要德育、智育、体育并举。

（二）大学的服务功能

早期的大学，其主要职能是开展教学和培养人才。19世纪初，德国的洪堡创办了柏林大学，提出了著名的办学三原则：独立、自由、合作相统一的原则，教学与科研相统一的原则，科学统一的原则。从此，科学研究被公认为大学的第二职能。美国威斯康星大学校长查尔斯·范海斯在 20 世纪初提出大学的社会服务性，创立了"威斯康星思想"。他说，大学必须为社会或社区服务，服务应该成为大学的唯一理想。他还提出了大学的三项服务内容：一是培养有知识、能工作的人；二是发展和创新知识；三是传播和推广知识，使之能够解决经济、社会和政治等领域的实际问题。从此，大学为社会服务得到许多国家高校的认同，范海斯提出的大学为社会服务的三项内容至今仍然是适用的。从高等教育的实际出发，大学的服务功能主要体现在以下三个方面。

一是在观念上要牢固树立为社会服务的意识，正确处理社会本位与教育本位的关系。在这一问题上，人们一直有不同看法：一种观念认为，大学就是办教育的，一切以教育为本，不应成为社会的工具；一种观念认为，大学是社会的产物，为社会服务是大学的重要职能。教育是崇高的社会公共事业，各级各类学校都要认真贯彻执行教育为社会服务、教育与社会实践相结合的教育方针。大学作为高学历的教育机构，是培养攀登科学文化高峰人才的学府，必须根据国家的需求来培养人才，必须从学校的实际出发，从社会的需要出发，主动承担科研攻关、知识创新的任务，以推动社会进步。大学如果脱离社会将成为无源之水、无本之木，是不会有生命力的。大学要牢固树立主动为社会服务的意识，全方位开展服务。推进产学研用结合，加快科技成果转化，规范校办产业发展，为社会成员提供继续教育服务。开展科学普及工作，提高公众科学素质和人文素质。积极推进文化传播，弘扬优秀传统文化，发展先进文化。积极参与决策咨询，主动开展前瞻性、对策性研究，充分发挥智囊团、思想库的作用，并鼓励师生开展志愿服务。

二是树立以人为本的教育观念。大学为社会服务，主要体现在为社会培养各类合格人才上。社会上有各种各样的行业，需要各种各样的人才，大学教育应满足社会对各类人才的需求，不能仅培养一种素质、一个模式的人才。一方面，人的特长、兴趣爱好是不一样的，发展方向也是不一样的，大学教育应从个人的特点出发，因人而异，因材施教，使他们的个性和专长得到充分发展，使他们的潜力得到充分发挥；另一方面，大学是为培养学生而办的，大学最根本的任务是促进学生的全面发展和个性的充分发展，使他们成为社会的有用之才。

三是大学要直接为社会经济发展服务。一方面，大学有一支高水平、高素质的教师队伍，有先进的科研设备，有一大批具有科研潜力、朝气蓬勃的大学生，具备为社会服务的良好条件；另一方面，社会也迫切需要大学的服务，因为现代社会的发展越来越依靠知识创新，依靠高新科学技术。大学应充分利用自身的智力优势，把社会作为大舞台，充分施展自己的才华。大学要从社会舞台的幕后走向前台，直接面向"观众"，为"观众"服务。无论是理工院校、医学院校，还是文科院校、艺术院校等，都有各自的舞台、各自的服务对象。各类学校应做好定位，选准目标，确立服务的项目和内容。有的可以承担基础理论研究任务，有的可以承担国家和地方的知识创新体系或科研开发任务，有的可以承担重大工程设计任务，有的可以承担科技攻关、技术改造任务，有的可以承担制订规划、参谋咨询等任务。

总之，现代大学要为社会发展服务，要全心全意为人民群众服务。大学只有在有效的、高质量的社会服务中才能提高自身的社会地位和声誉，才能提高办学效益。大学不是单纯的事业单位和公共产品单位，因而必须充分利用教育资源，稳定教师队伍，发展教育事业。

（三）大学的产业功能

关于大学是不是一种产业，人们一直有不同的看法。有些人一直反对提大学的产业性，后来又改为"赞成有教育产业，但不赞成教育产业化"的说法。如果把大学定义为产业，否定大学公益性的一面，当然是不可取的，也不符合客观实际。大学的产业化实质上是指产业性的过程。"化"者，是指事物发展变化的渐进过程。有些人完全反对教育的产业性，甚至一提到这个词就反感，这只能说明他们思想观念陈旧，与时代不合拍了。

为什么说大学具有产业功能？因为大学可以利用其丰富的资源和智力优势，发展教育产业。

第一，大学是生产知识的产业。在知识经济时代，知识已成为重要的生产要素，其作用超过"工具"这一生产要素。所以，既然生产"工具"的工厂、企业是产业，同样，生产"知识"的大学也是产业。大学是知识性产业，是生产经济发展中的最主要因素——知识的重要基地。

第二，大学是生产人力资本的产业。用知识和科学技术武装起来的人力，是生产要素中新的资本投入，这种新的资本我们称为人力资本。人力资本是现代化生产力中的重要因素，在推动生产力发展和经济发展中具有决定性的作用。因而，"生产"人力资本的大学，理所当然是一种产业。

第三，大学的产业功能还体现在教育市场的形成和繁衍上。既然是产业，就有产品，如知识、科技、信息、人才等，这些都是大学的产品，并由此形成了知识市场、科技市场、信息市场、人才市场等。大学生产出来的知识性产品为社会发展、经济发展服务，为人的发展服务，同时得到应有的回报。把这些教育产品与社会、与个人等作为交易和交换的对象而产生的经济关系和现象便是教育市场。

随着经济全球化的到来，教育国际化的潮流势不可当，许多国家不仅在国内发展大学的教育产业、教育市场，而且把教育产业、教育市场拓展到国外，如招收留学生、输出科学技术和高科技人才，建立劳务市场、人才市场、教育消费市场等。

（四）大学的创新功能

大学不仅是传承和应用知识的场所，更是创造知识、培养创新人才的摇篮。这是由现代大学的性质和功能所决定的，也是知识经济时代赋予大学新的历史使命。知识经济是一种高度智力化的，以知识为基础、以信息产业为核心发展起来的经济形态，它形成和发展的前提是拥有大量能够创新知识的人才。知识创新将成为知识经济时代社会文化的基础，创新人才将成为决定竞争力的关键。培养具有创新能力的人才，是关系到大学在知识经济时代持续发展、增强综合竞争能力的重要问题。

创新人才的培养主要依靠各类教育，尤其是高等教育。大学要把对学生的创新教育和培养创新人才作为一项重要和紧迫的教育任务。大学要实施好创新教育，必须进行教育创新。一是树立创新的教育目标，明确大学的功能是培养创新人才，创造新的知识。二是改革教育教学内容，培养学生的创新精神、创新能力和创新人格。三是改善教育环境，改革教学方法，营造学习氛围，让教师、学生在宽松自由的环境下充分发挥自己潜在的聪明才智。四是加强德育和人文教育。创造能力不仅是智力的特征，更是人的精神状态、综合素质的体现。所以，学校必须关注每个人的思想道德品质、心理品质，给学生创新的动力。五是建立科学的、有助于创新人才脱颖而出的评价标准。考试是重要形式，它可以激励学生创新，也可能制约学生创新。大学的考试应以考查学生的思维能力、创新能力为主，而不能以考查记忆性知识为主。

大学的创新功能不仅体现在人才培养上，还体现在为社会发展、人类进步做贡献上。在自然科学、社会科学等方面，则体现在不断提出新的观点、新的见解。大学不仅是社会、经济、文化发展的人才库、知识库，而且是为社会、经济、文化发展提供创新精神和创新能力的源泉。

（五）大学的交流功能

现代大学是由古代的学生自由团体发展而来的，而这些学生自由团体最初的目标既不是教育也不是科研，而是自由地相互交换见解和看法。因此，交流功能从大学诞生之初就成了大学的灵魂所在。

大学的交流功能主要体现在以下几个方面。

1. 自由的学术氛围

相当多的教授认为，最能出现新思想、新观点的地方不是课堂、办公室或实验室，而是在学校的咖啡馆和学术沙龙中。因为在咖啡馆闲谈的时候，可能旁人甚至是业外人士不经意、不起眼的一句话，就会激发专家的灵感；在沙龙中的一场激烈的辩论会可能会撞击出思想的火花。这些自由交流的作用和意义可能远远超过其他一般意义的工作。因此，营造学术氛围，实际上就是创造自由交流的环境和机会。大学经常举办的学术报告会、学术沙龙，学生组织的社团活动等都是促进校内外师生交流的有效手段。

2. 学科发展的综合化

学科的分化是科学进步的表现。人类最初对自然的探索是迷茫和随意的，这是因为人们对自然的认识是混沌不清的。通过长期的实践探索，人们开始对积累下来的知识经验逐步分类，分为哲学、文学、数学、天文学、医学、法学等。随着对科学认识的加深，人们开始依据自然规律来划分学科，于是物理、化学、生物、地理等学科纷纷发展起来。工业社会为了促进生产的发展，以行业来划分学科，如机械、造船、化工、纺织、电子、材料等学科迅猛地成长起来。学科的分化为人类探索科学的真理指明了道路。但是，当今学科的发展已经由学科的分化回归到学科的综合。科学发展到今天，仅研究一个领域、一门学科已经很难有所突破了。例如航天科技、生物基因工程、纳米材料、超导技术都是需要多学科、多领域合作的科研项目。从近年来诺贝尔奖获奖项目来看，大多也是跨学科合作的成果。因此，当今学科发展方向是综合与交叉，交叉学科、边缘学科的发展势不可当，因此学科间的交流会日益频繁，这也是大学逐步向多科型、综合型、巨大型发展的主要原因之一。学科间频繁的交流有利于新的学科知识的产生，有利于促进学术的繁荣和大学自身的发展。

3. 校园对外开放

现代大学是没有"围墙"的校园，大学积极地为社会服务，社会也积极参与大学办学，这是一种大学与社会的交流。大学积极适应社会需求，培养社会急需的人才，同时向社会开放教育资源，举办各种社会培训，开放图书馆、博物馆、体育场所等，使大学成为区域的文化活动中心。同时，大学也靠社会力量办学，建立产学研相结合的办学体系，聘请有丰富实践经验的专家到校任教，吸收社会资源办学。

4. 大学的国际交流

这里所讲的"国际化"的真正意义在于国际交流。有些人认为教育不能国际化，不能与国际接轨，因为教育涉及意识形态的传播。其实这种担心是不必要的，大学的国际化不是不加选择地引进国外的东西，而是引进国外一些先进有益的经验和优秀的文化。教育的国际化是一种文化交流的体现，它是在多元文化的背景下产生的。大学的国际化还体现在国际学术交流频繁，留学生、外籍教师比例高，教师和学生能较为准确地把握世界形势和动态，能自由、主动地进行国际交流，以及开展国际合作办学，开放国际教育市场等。

第四节　高等教育的理念及其发展

一、高等教育理念及其核心内容

（一）高等教育的教学活动主体

教师主体论源于早期教育家提出的"教师中心说"，是长期研究与指导教学活动的主导学派。该派观点认为，在教学活动中教师是唯一的主体，学生是用来供教师加工、改造的，与教学内容一起构成教师教学活动的对象，属于教学客体。学生主体论源于"学生中心说"，其基本观点与教师主体论相反，认为教学活动的唯一主体是学生而不是教师，教师和教学内容都是被用来塑造和加工学生的，是其成才的工具性对象，是教学客体。而教师学生双主体论则改变了前述单一主体论的思路，提出教师和学生都是教学活动的主体，在一个完整的教学活动内，就对教学效果的最后影响来说，分不清教师的能动作用大还是学生的能动作用大，只能是两个主体并存，共同协调的结果。这时，教学内容、教学设施、教学环境等就基本上属于辅助性的东西，属于教学客体。

其实，对教学主客体的辨析有一个基本的逻辑起点，这就是从哲学引用过来的主体概念是基于什么哲学观点的，是本体论的观点还是认识论的观点，显然，从本体论出发，只能有一个主体，而从认识论出发，因为选择的认识活动角度不同，就会得出不同的主体结果。教学本身就是一个复杂的系统，从教学作为社会活动实践出发，毫无疑问教师是主体，学生是客体；从教学活动的价值出发，很明显，学生必然是主体，教师是客体；从认识活动的全面性出发，则教师与学生都属于主体，客体只是那些主体之外的教学活动要素。提高对教学活动主体的认识，有利于调动教学活动要素的积极性。那些单方面强调教师主体地位的观点，对教师工作积极性、主动性与责任心有极大的激发作用，但很多情况下，教师的一厢情愿往往达不到教学效果，久而久之，教师的这种积极性也会消解。那些单方面强调学生主体地位的，有利于激发学生的自我教育、自我学习、自我塑造，也有利于教师在教学中贯彻促进学生全面发展的理念，但如果缺乏教师的正确引导，往往也不能得其门而入，最后效果并不如意。教师和学生的双主体地位，可以比较全面地调动教师和学生在教学活动中的积极性，根据实际需要各自发挥应有的作用，共同完成教学任务，实现教育目标。按照高等教育的教学活动特点来看，这种双主体观念更符合教学实际。教师和学生在教学活动中主体地位的认可，主要在于责任的归属。教师和学生对于那些作为客体的已知知识、未知知识的认识与探求是共同的，因此在这种"既认识已知又探索未知"的高等教育活动中，教师和学生属于共同的主体是无疑的。

（二）高等教育活动的主体关系

一般来说，任何活动都存在主体与客体的关系，如果按照两种单一教学主体的观点，无论谁为主体谁为客体，都是主客体关系。但是，高等教育活动的主体是双重的，不同主体之间必然构成一定的关系，因此，很有必要探讨教学活动的主体关系。至于高等教育活动的客体，在双重教学活动主体的前提下，它与主体之间的关系比较简单，一方面服从于主体的需要，另一方面充当连接两个主体的纽带。

高校教师是教学活动任务的具体组织者、承担者。教师群体是高等学校履行人才培养职能的直接人员，他们还在自己的专业领域肩负着科学研究和社会服务的使命。高校教师作为一个群体概念，包含所有在高校从事与教学活动相关的专业人员，既有教学第一线的任课教师，也有以科学研究为主要任务的研究人员，还有实验、实践教学及教学活动组织管理第一线的辅助人员。高校教师作为一种社会职业者，具有较高的社会地位和重要的教学主导地位。人们常常把高等教育的人才培养和学术水平看成社会文明进步的标志，对履行这两项职责的高校教师寄予厚望。另外，在高等教育活动中，教师对教育内容的选择、对教学活动的调节、对教学进程的把握、对教学手段的改造等起着主导作用，因而，是教学活动的主体。

高校教师肩负着比较多的教学职责。第一，要肩负传授知识，引导学生掌握学科专业基础知识、基本理论和基本技巧，培养和发展学生智力和专业能力的职能。第二，要在教学活动中通过隐性手段启发和培植学生良好的道德、情操、意志与美感，关心学生的全面成长。第三，要精心组织和设计教学活动，不仅注意课堂教学活动的组织，还有由课堂延伸到课外的答疑辅导、作业评判及相应的实验和实习、实践。第四，为了更好地服务和改进教学，必须不断地开展专业领域的科学研究和教学研究，以带领学生及时了解科学前沿，改善教学方法，丰富教学内容。在这些基本职责中，最基本的两项是教学和科研。能否成为比较合格甚至优秀的教师，关键就在于这两项职责的履行情况。这两项职责任务完成得好，不仅可以相互促进，还可以带动其他工作的更好完成。实际上，相当多的教师把自己的教学目标定为传授课程知识、介绍本领域的概念和方法，很少关心学生的一般智力发展和个性发展。他们作为教学内容方面的专家，与本领域的其他人共同具有专门化的知识、概念、方法，但他们却难以与学生形成共同认可并乐意接受的训练方法，难以丰富教学活动的知识和理论。

高校教师肩负的职责决定了他们的劳动特点。这就是教学手段的自主性与教学活动的示范性、教育对象的能动性与教学情景的复杂性、教学过程的长期性与教育影响的滞后性、教学方式的个体性与教育成果的集成性。面对这些特点，有的教师可能会表现的无可奈何，有的则从积极方面进行力所能及的改进，逐步形成个人教学风格。比如以教学内容为中心的，以尊重学科为特点，重在教给学生系统的知识、原理；以教师自我为中心的，则相信自我的榜样作用，让学生进入角色模拟的情况；以智力为中心的，则以训练学生的智能为目标，一切的知识、环境都只是用来训练的道具，知识、技能本身不是追求的结果。这些都是有特点的教师，但还不是"全能的教师"，比较良好而全面的教学活动，应该是教师的知识、师生的探究，以及教师引人入胜的个性、人格和激励学生学习动机能力的高度融合。

二、高等教育理念的演变

高等教育理念具体通过人才观、质量观和效率观等来表现。新时期，其主要表现为向过去学习，重拾或实现高校逐步建立和形成的教学思想。

（一）人才培养观念的形成

高等教育的根本任务是培养人才，而人才培养的主要途径是教学活动。教学和科研使命在高校有过激烈的地位之争，这使高等教育成为教学和科研"两个中心"的发展轨迹渐行渐远。实际上，很多学校和教师更加重视深度高的科研工作，对教学工作重视不够，教师的教学职能发挥不够。随着社会对人才培养质量的关注与重视，人们开始重新认识和反思高等教育教学和科研的关系，进而确立了教学在学校工作中的中心地位，无论什么类型的高等教育，首要任务是人才培养，科学研究也要肩负起人才培养职能。高校教师必须把教学放在第一位，切实履行教师的基本职业职责。

随着世界高等教育的发展和科技、社会进步对人才培养新要求的不断提出，能力本位观点越来越受到重视，学生需要成为社会需要的知识全面、技能过关的高素质人才。因此，对教学活动提出了新的要求：一方面是出于理论教学与实践教学的关系问题的考虑，既不能忽视理论教学又要加强实践教学；另一方面是出于协调学校教育与社会教育的关系，既不能在学校教育与社会教育之间走极端，也不能过多增加学生的学习时间、心理等学习负担。于是，新的教学中心地位理论逐步得到丰富和发展，在校内强调理论教学与实践以及在科研活动中培养学生能力，在校外加强实习实训基地建设，建立产学研教育机制。

（二）以专业教育为主

一般认为，高等教育大致有两种教学模式：一种是专才教育模式，学生在校学习时间较长，既打基础，又进行实践训练；另一种是通才教学模式，学生在校学习时间较短，主要是打基础，实践训练安排在大学毕业以后。

一般认为，现代专业教育思想源于20世纪初，此后一直成为教育方针政策及学校教育教学工作的重要指导思想的构成元素。但培养学生一技之长的专业教育思想很快也受到素质教育思想的挑战，因为人才成长及社会实践表明，仅有一技之长的人并不能担当高级专门人才的重任。随着世界科技的迅速发展，学科专业高度分化后再高度综合成为发展趋势，人才培养与社会工作都面临越来越复杂化，特别是社会工作对人员合作、协调、组织能力等综合素质的要求越来越高，不仅要具有扎实的基础、宽广的知识面、较强的能力，而且要具有良好的思想素质和道德水平及健全的身体心理素质。

如今，以自由教育、人文教育、普通教育等形式出现的综合素质教育思想得以萌生，传统意义上的专门人才培养模式、观念逐渐被"拓宽专业口径，增强适应性"的观点和"通识教育"的理念所取代，仅仅重视科学技术的"精、深、专"被"德才兼备""文理兼备"的人才培养目标所取代。也有高校提出以人文素质教育为突破口，推进全面素质教育，并建立了人文素质教育基地。人文素质教育是对所有学生加强人文品格、人文精神的全面教育，是通识教育的具体体现。

（三）终身学习和终身教育

按照传统的职业教育观念，高等教育在教育顺序中毫无疑问是人一生的最终教育活动。但由于世界科技发展的日新月异及世界性社会工作的不断变化，以素质教育思想为理论支撑的终身教育、终身学习观念逐渐渗透到高等教育领域，高等教育究竟是终结性教育还依然是基础性教育一时成为学术界的争论热点。特别是高等教育达到大众化甚至普及化程度之后，高等教育的基础性就更加突出，高等教育只能为学生未来成为科技人才、从事科技职业打下知识、能力和继续学习的基础，而不能为未来准备好所需的一切。因此，高等教育人才培养必须更加重视比较宽广的学科领域、比较扎实的基础知识、比较强的学习和研究能力，也必须为在职人员提供大学后继续学习的条件。

（四）个性化教学观念的生成

教育的快速发展，使高等教育教学模式也必须适应受教育群体的历史性变化，这是高等教育教学创新的直接指导原则和方向。具体而言有：由单纯的掌握知识转变为更加注重智力发展和能力培养；由单纯的、狭窄的专业知识和能力培养转变为同时注重拓宽知识面，培养具有外语能力、经管能力、交往能力等多种能力的复合型人才；由单纯注重统一的培养转变为同时注重发挥学生的多样化特长和学习潜力；由偏重于重视理论知识转变为同时注重实践，进一步强调理论与实践相结合等。

因材施教，促进人的全面发展是一项基本教育原则。为了克服以往"标准件"式的高等教育人才培养过程中的固有缺陷，突出学生在人才培养中的主体地位，在教学管理、教学环节、教学方式等方面也要将统一的、封闭的、固定的人才模式变革为多样化、个性化的教学过程和教学形式。既努力拓宽专业口径又坚持按专业培养人才，既制定人才培养目标和基本计划又给予学生充分自由的发展，既坚持教学工作的计划性又给予学校、专业、教师和学生较大的灵活性。在教学管理上，推行学分制，制定选课、选专业等灵活的制度和政策。

三、高等教育理念的发展趋势

21 世纪以来，随着高等教育大众化进程的不断推进，高等教育条件保障机制等方面遇到了难以预料的困难，由此引发的人才培养质量争议成为高等教育的热门话题。回应这种社会争议的积极举动就是实施"高等学校教学质量与教学创新工程"，试图既改善高等教育的条件保障状况，又注重将物化的环境与条件转化为人才培养所必需的制度建设，不断推进教学思想理念创新。

（一）全面落实科学发展

科学发展，包括高等教育的发展、人的发展。围绕以人为本这个核心，人才培养工作必须是全面协调、可持续发展的，这也是终身教育和学习的社会思想的基本要求。贯彻教育方针，推进素质教育，坚持"巩固、深化、提高、发展"原则，遵循高等教育的基本规律，牢固树立人才培养是高等教育的根本任务、质量是高等教育的生命线、教学是高等学校的中心工作等高等教育教学新理念。

（二）建立健全大教育观

这具体表现在创新高等教育资源共享上，通过新教材和立体化建设、网络教育资源开发和共享平台建设，建设面向全国高等教育的精品课程和立体化教材的数字化资源中心，建成一批具有示范作用和服务功能的数字化学习中心，完善服务终身学习的支持服务体系，提升高等教育的质量和整体实力。这需要充分考虑提高教学质量的系统性和复杂性，确定一些具有基础性、全局性、引导性的创新突破口，引导高等教育教学创新，实现高等教育规模、结构、质量和效益协调发展。同时，也需要调动学校和社会各方面的力量，把发展高等教育的积极性引导到提高质量上来，充分利用各方面力量支持高等教育的发展，切实解决高等教育在提高质量方面的实际问题，为高等教育教学创造良好的外部环境。

（三）高等教育教学创新

高等教育教学创新与高等教育质量提高是紧密联系的，总体而言，高等教育教学创新在实践活动上可谓阵容庞大、气势恢宏，但在形式和内容上出彩不多。因此，在教学制度创新方面，要继续建立和完善教学评估制度、专业认证制度、数据发布制度等；在教学活动创新方面，不仅要落实"教授、名师进课堂"，还要努力建设高水平教学团队。同时，应继续突出学生的主体地位，不断加大学生选课、选专业的灵活性，通过学分制使学生学习的自主性、自我责任心进一步增强。还应通过各级各类大规模、高强度的教学研究与教学创新立项和成果奖励，推动教学方法创新的激励机制，从根本上改变教学方法创新零散、自发、孤立、低效的局面。

第二章 高校教学概述

第一节 教学原则

一、教学原则的概念和意义

教学原则是根据一定的教育目标、遵循教学规律而制定的指导教学工作的基本要求。教学原则的制定首先是合目标性，即受教育目标的制约，为实现教育目标服务。教学原则的制定同时具有合规律性，即要符合教学规律，反映教学规律。教学原则是人为制定的，但不是主观臆造的产物，而是根据教学过程的规律提出的。教学原则是长期以来教学实践经验的总结和概括。因此，教学原则还具有实践性。教学原则用来指导教学实践，对教学内容、教学方法、教学组织形式等的设计和运用起指导作用。实践证明，教学活动越是能够符合教学原则，教学活动就越容易成功；反之，教学活动越是脱离教学原则的要求，就越可能失败。

二、常用的教学原则

经过长期的实践和发展，教学原则已经基本形成体系。目前，学校常用的教学原则主要有科学性和教育性统一的原则、理论联系实际原则、启发性原则、循序渐进原则、直观性原则、巩固性原则、因材施教原则和教学最优化原则等。

（一）科学性和教育性统一的原则

科学性和教育性统一的原则是指教学要以科学理论为指导，在学生学习掌握科学知识的过程中，对学生进行思想品德、科学价值观和心理健康教育等。这一原则的实质是在教学活动中要把教书和育人有机地结合起来。教学的教育性与科学性是相辅相成、互相促进的。科学性是教育性的基础，教育性是科学性的灵魂和内在属性。科学性和教育性统一的教学原则，反映了高校教育目标的基本精神，也是教学永远具有教育性的客观规律的反映。

科学性是思想性的基础。学生只有掌握了科学知识，才能正确认识客观事物及其规律，树立科学的世界观和人生观。在教学过程中，教师传授的知识和运用的教学方式、方法都应当是科学的。对概念、定义的表述，所做的论证，引用的事实、材料都要正确无误；对学生的作业、试卷的批改，以及个别辅导也应是正确无误的。对于一些科学上还有争议的问题，一般不要提出。但有些争论可以向学生介绍，以扩大学生的视野。如果一旦发现教学中出现错误，必须及时纠正，以便培养学生实事求是的科学态度和负责精神。

高校各科教材内容本身就是教育性和科学性的统一。在教学中，教师要结合教材的特点，从教材内在的思想因素出发，针对学生的实际情况，寓思想教育于科学的教学内容之中。反对不顾学科的特点，牵强附会式的思想教育。除课堂教学外，教师还要通过作业、课外辅导、考试等环节对学生进行思想教育。结合教学对学生提出严格的要求，培养学生自觉负责的学习态度；勤奋学习、持之以恒、一丝不苟的良好学习习惯；不怕困难、勇于克服困难的坚强意志。

教师的思想水平、知识修养、对科学的态度和思想方法，都会对学生产生潜移默化的影响。教师必须不断更新自己的知识，提高专业水平和思想修养，才能确保教学工作科学性和思想性的统一。

（二）理论联系实际原则

理论联系实际原则，是指在教学过程中应使学生从理论与实际的结合中来理解和掌握知识，并且引导他们运用所获得的知识去解决各种实际问题，培养他们分析问题和解决问题的能力。这一原则是在教育发展史的基础上，根据直接经验与间接经验相统一的教学规律提出来的，也反映了高校教育目标的要求。

没有理论就谈不上联系实际。所以，在教学中，教师必须保证理论知识的传授，严格按照课程标准、教材的要求，把基础的知识教好。教师在传授理论知识的同时，要根据教材内容、教学目标及学生学习的实际，恰当地联系实际，有效提高教学效果，克服从书本到书本、从理论到理论的情况。

在教学中联系实际的内容十分广泛，主要有联系学生的生活实际和经验、学生的思想实际、社会发展实际、科学上的最新成就实际等。常用的方法主要有：在讲解过程中举例和演示；组织学生练习、实验、实习、参观、访问；基础在校内外活动中，引导学生加深和巩固对书本知识的理解。在教授基本理论和基础知识的同时，要重视通过练习等方式进行基本技能的训练，使学生具有一定的实践操作能力。

乡土教材是以当地的社会、经济、文化、地理等为内容编写的教材，能更好地结合当地的实际需要。适当补充一些乡土教材，既有利于学生理解教材中的理论知识，又能联系实际加以运用，还能培养学生热爱家乡的观念和情感，树立为社会做贡献的思想。

（三）启发性原则

启发性原则是指在教学中，教师要最大限度地调动学生学习的积极性和自觉性，激发他们的创造性思维，从而使他们在融会贯通地掌握知识的同时，充分发展自己的创造才能和创造性人格。这一原则既是教与学相统一规律的反映，同时又是由高校的教育目标决定的。

学习目标教育就是使学生认识学习的社会意义与个人意义，了解社会对学生的期望和要求，逐步树立为社会服务而学习的责任感，将社会的要求转化为个人的要求，形成长远的学习动机。学习目标教育还包括揭示各种学科、各种学习活动的社会意义，使他们将当前的学习活动与未来的生活和理想联系起来，将长远学习动机与该学科的学习动机结合起来。教师在教学开始时明确而具体地向学生陈述具体的教学目标，能激起学生对新学习任务的学习动机和期待心理。教学目标可起到先行组织者的作用。它能帮助学生将学习材料按目标进行分析组织，纳入认知结构中去。如果学生不了解学习的具体目标要求，潜在的学习动机就不会转化为具体的学习意愿，并且很难充分调动其主动学习的积极性。

学生的积极思考常常是从问题开始的，教师应给学生创造独立思考的条件，把教学过程组织成为不断地提出问题、分析问题和解决问题的过程。教师在教学过程中应创设那些具有一定难度、需要学生进行复杂思考的思维活动，解决具有思考价值的问题，并引导学生通过自觉积极的思考解决问题。

教师应树立正确的师生观，承认学生是认识活动的主体，创造条件使学生成为学习活动的主体。同时，做到与学生在人格上的平等，营造一种和谐的教学氛围，这样学生学习的积极性才能真正被调动起来，学生才能真正自由地、充分地提问和思考。

（四）循序渐进原则

循序渐进原则是指在教学过程中，教师要按照科学知识的内在逻辑顺序和学生身心发展的规律，有步骤、有次序地进行教学，以期使学生掌握基础知识和基本技能，促进学生的身心发展。这一原则是由科学知识的逻辑体系和学生的认知发展规律所决定的。

一般来说，学科课程标准是各门课程的内在逻辑体系的反映，是与相应年级学生的身心发展规律相适应的。教师要认真研究课程标准，充分了解和掌握课程的逻辑体系以及对学生的要求，在此基础上实施教学。掌握教学内容的有序性，还必须注意突出重点和难点，在教材的重点和难点上下功夫。教师在教学过程中要根据教材的特点、学生的认知水平、学习程度以及教学的物质条件，选择和确定最佳的授课顺序，合理安排教学过程。在教学过程中，教师要善于把教材内容化难为易、化繁为简，坚持由近及远、由已知到未知、深入浅出地教学，使学生科学的学习。学生的学习是一个循序渐进的过程，不能急于求成，应该日积月累、系统地进行学习。所以，教师要通过必要的常规训练，培养学生踏踏实实、系统学习知识的良好习惯。

（五）直观性原则

直观性原则是指在教学活动中，教师要充分利用学生的身体感官，通过各种形式的感知，丰富学生的直接经验和感性认识，获得生动的表象，为形成科学概念打下坚实的基础。这一原则是在总结教育经验的基础上，根据直接经验和间接经验相统一的教学规律提出的，同时也是由学生的年龄特点所决定性。

直观性教学的方法很多，一般来说可分为三种。

实物直观是通过实物进行的。包括观察各种实物、标本以及实习、实验和教学性参观等。这种形式的直观真实有效，但受条件的限制，并不是所有的教学都可以采用这种直观。模像直观是运用各种手段对实物的模拟而进行的。包括各种图片、图表、模型、幻灯片、录像带等。模像直观可以弥补实物直观的缺憾，应用范围较广。特别是现代教育技术的运用，使模像直观的应用范围更加广阔，大到宇宙天体，小到分子结构，都能借助某种技术手段达到直观的效果。语言直观是通过教师形象化的语言描述进行的。语言直观可以最大限度地摆脱时间、空间和物质条件的限制，是最为有效的直观手段。语言直观的运用效果取决于教师的素质，特别是语言素养。

不同的学科、不同的教学任务、不同的学生，要采用不同的直观手段。教师在选择直观手段时，首先应考虑必要性，不能滥用直观。过多的直观不仅浪费教学时间，分散学生的注意力，而且会影响学生抽象思维能力的发展。其次，要考虑它的典型性和代表性，要能有效地形成学生的能力。最后，制作直观教具要注意放大和用鲜明的色彩，突出所需要感知的部分。直观教学手段只能提供感知的材料，学生是否注意观察，是否观察到了教师所希望的东西，能否从这些材料中得到正确的结论，这些都需要教师的引导。因此，教师在运用直观教具时要注意讲解指导，引导学生有目标地进行观察。例如，在展示直观教具前，教师要提出观察的要求；在演示过程中，教师要进行必要的说明；在演示结束后，教师要引导学生进行总结，帮助学生从观察到的现象中分析得出科学的结论。

（六）巩固性原则

巩固性原则是指在教学过程中，教师要引导学生在理解的基础上牢固地掌握所学的知识和技能，并使之能长久地保存在记忆中，当需要的时候能够准确地再现出来，加以运用。巩固性原则是由学生认知活动的特点所决定的。学生在短时间内要学习大量的书本知识，遗忘是在所难免的。因此，在教学中要不断地进行复习巩固，帮助学生牢固地掌握所学的知识。同时，知识之间是相互联系的，学生总是用已有的知识为基础去获得新知识。如果学过的知识和技能遗忘了，那么也就无法运用它去获得新知识了。

对所学知识的理解是巩固知识的前提，对没有理解的知识不可能有真正的巩固。教师在教学过程中要使学生清晰地感知教材、深刻地理解教材，为巩固知识创造前提条件。复习是巩固知识技能的重要途径。复习并不是简单重复，要想取得良好的复习效果，必须做到：一是复习要及时；二是复习的方式要多样化，除常见的各种作业外，教师应当善于利用各种不同的方式，如调查、制作、实践等，帮助学生巩固所学的知识，使学生将知识有效地运用于实际以达到巩固的目标，并且促进学生多方面的发展。教师在向学生提出学习任务的同时，要传授记忆的方法。记忆的方法有很多，教师要有目标地进行选择并加以运用。

（七）因材施教原则

因材施教原则是指在教学过程中，教师要从学生的实际出发，根据不同对象的具体情况，采取不同的方法，进行不同的教育，使每个学生都能在各自原有的基础上得到最大限度的提高。

这一原则也是学生身心发展客观规律在教学中的反映。学生身心发展在一定的年龄阶段有一定的普遍性和稳定性。但是，由于每个学生的生理素质、所处环境和教育的影响以及主观努力等诸方面的差异，使每个阶段中的每个学生的身心发展又呈现出差异性和特殊性，教学必须充分考虑这种差异性和特殊性，对具体情况进行具体分析。

了解和研究学生是因材施教的前提条件。教师了解和研究学生主要是弄清学生的兴趣爱好、性格特点、学习态度、知识基础、健康状况等。了解和研究学生的方式，主要是通过课内外活动进行观察，也可以通过对学生作业的分析、与其他教师的交流及家访等进行。

教师在教学时要按照教育目标、课程标准来进行教学。教育学生正确处理学习各门功课与发展个人兴趣爱好的关系，努力学好基础课程，达到学校规定的基本要求。在此前提下，再根据个别差异进行重点指导，使学生充分发挥个人的特长。有了统一要求，教学才会有共同的标准，才不会降低水平；有了因材施教，才能有效地使学生得到充分的发展。

学生的个别差异不仅是客观存在的，而且也是合理的。差异不仅是教育的基础，而且也是学生发展的前提，应该视为一种财富加以开发，使每个学生在原有的基础上都得到良好的发展。

在教学中，教师要对各种不同类型的学生采取有针对性的、灵活多样的教育措施，促进其向积极的方面发展，抑制或削弱其不良的倾向。例如，对成绩优异的学生或具有特殊才能的学生，教师在教学中不仅仅是要发现他们，更重要的是要精心培养他们，向他们提出更高的要求，促进他们更好地发展；对学习差的学生要热情关怀和照顾，加强个别辅导、补课，帮助他们查漏补缺，培养他们的学习兴趣，培养他们良好的学习习惯。

（八）教学最优化原则

教学最优化原则是指在教学过程中，教师要对制约教学效果的各种因素做到综合控制，进行最优化教学，取得最优的教学效果。最优化原是数学术语，是指按某一衡量指标来寻求最好的方案，以达到最经济、最有效地使用人力和物力，获得最好的结果。教学最优化是这一术语在教学论中的借用，最优化并不等于理想化，是指在一定条件下达到的最有可能的结果。教学最优化有两个标准，一是效果标准，二是效率标准。这一原则是根据教学效果取决于教学诸因素构成的合力这一规律提出的，是现代系统论、控制论和信息论等科学的研究成果在教学中的应用。

教学最优化必须以全面发展的教育目标为宗旨，保证教育、教学和发展的任务统一实现，离开这一点就谈不上最优化。教学过程是一个由教师、学生、目标、内容、方法、环境等要素组成的复杂系统。要想取得最优化的整体效果，必须将各要素按照它们之间内在联系的规律性合理配置，既充分发挥它们各自的作用，又使教学取得最优化的整体效果。教学过程是教师与学生双向活动的过程，教和学是在师生双方统一协调活动的基础上实现的。教决定着学，学影响着教，教学相长，互相促进。教师在教学过程中，要把教的最优化与学的最优化紧密融合在一起，使师生活动协调统一，从而保证教学活动的高效性。教学最优化是以教师的创造性为先决条件的，需要教师辩证地思考，创造性地组织实施教学。

三、教学原则的综合运用

上述各条教学原则，从不同角度反映了教学过程的规律，彼此既有区别又有联系，共同组成了一个比较完整的教学原则体系。尽管各教学原则反映和解决的矛盾有所侧重，但它们之间是相辅相成、互相补充的，并不是各自孤立的。要实现教学的最优化，并不是某一个原则所能完成的。只有综合利用各个教学原则，整体发挥教学原则的功能，才能顺利解决教学任务、教学内容、教学方法中的一系列问题，才能保证教学质量的提高。

教学原则是长期教学实践经验的总结，是教学工作必须遵循的基本要求。但是如何运用这些教学原则，还需要教师结合教学实际不断探索和创造。同时，随着教学实践的发展、教学经验的不断丰富和教学规律的不断发现，还可以总结出许多新的教学原则，使教学原则的体系更加完善。

第二节　教学方法

一、教学方法的概念和意义

教学方法是指教师和学生为了实现教学目标、完成教学任务，运用教学手段而进行的一整套工作方式。它包括教师教的方法和学生学的方法。

教学活动是由教师的教和学生的学共同组成的一种双向活动。教师的教法与学生的学法是辩证统一的。教师的教法要遵循学生学习的特点和规律，并且影响着学生的学法；学生的学法依赖于教师的教法，是反映教师教法的一面镜子。所以，教法中包含学法，学法中体现着教法，二者共存于教学过程之中。教师则应该研究学法并改进教法。

教学方法是教学过程整体结构中的一个重要组成部分，是教学的基本要素之一。它直接关系着教学工作的成败和教学效率的高低。因此，教学方法问题解决得好坏，就成为能否顺利实现教学目标、完成教学任务的关键。教学实践证明：好的教学方法，能够充分调动学生学习的积极主动性，减轻学生的负担，提高教学效果和效率；反之，则无法引起学生的学习兴趣，加重学生的负担，消耗教师的精力，导致教学效果差。所以，正确理解和选择运用教学方法，对于提高教学质量以及更好地培养人才十分重要。

二、常用的教学方法

人们在长期的教学实践中，积累了许多教学方法。常用的教学方法主要有以语言传递为主的教学方法、以直观感知为主的教学方法、以实际训练为主的教学方法三类。

（一）以语言传递为主的教学方法

以语言传递为主的教学方法，是指教师运用口头语言向学生传授知识、技能以及学生独立阅读为主的教学方法。在教学过程中，以语言传递为主的教学方法又主要分为讲授法、谈话法、讨论法和读书指导法。

1. 讲授法

讲授法是教师运用口头语言系统地向学生传授知识的一种教学方法。讲授法以教师讲、学生听为基本的教学方式，具体可以分为讲述、讲解、讲读和讲演等。讲述是教师向学生叙述、描绘事物和现象的方式，如语文课教学中对作者和时代背景的介绍。讲解是教师向学生解释、论证所学教材的方式，如数学课教学中对数学公式的论证。通过讲解，可以使学生把感性认识上升到理性认识，理解所学的概念和规律。讲读是教师利用教科书边读课文边讲解，中间还可以穿插阅读训练的一种教学方法，如外语课教学中对课文的串讲。讲演是教师对一个完整的课题进行系统的分析、论证并得出科学结论的一种方法。它要求有分析、有概括、有理有据。讲述、讲解、讲读、讲演并没有严格的界限，在实际教学工作中，这几种方式经常混合在一起使用。讲授法是各科教学常用的教学方法，它可以使学生在比较短的时间内获得较多的系统知识，有利于发挥教师的主导作用，便于教师控制教学过程，有计划地完成教学任务；有利于对学生进行思想教育。但是，如果使用不当，容易使学生处于被动，不利于学生积极主动性的发挥。

教师在运用讲授法时的基本要求有以下四点。

第一，讲授内容要有科学性和思想性。这是保证讲授效果的首要条件。教师讲授的概念、原理、事实、观点必须是准确无误的，而且要善于挖掘教材的思想教育因素，使学生既获得科学知识，又受到思想教育。

第二，讲授要有系统性，条理清楚、重点突出。只有教师的讲授逻辑清楚、重点突出，学生才能听得明白、理解清楚。教师的讲授切忌散、乱、平铺直叙、空洞枯燥。

第三，讲究语言艺术。教师的语言直接决定着讲授法的效果。所以，教师必须不断提高自己的语言修养。首先，语言要清晰、准确、简练；其次，语言要生动形象、富有感染力；最后，语言要速度适中、音量合适、语调抑扬顿挫。

第四，恰当地配合和运用板书。恰当地运用板书，不仅可以弥补教师口头语言的不足，而且可以使教学目标更明确，使知识条理更清楚，重点更突出。

2. 谈话法

谈话法又称为问答法，是教师和学生通过口头语言以问答的方式进行教学的一种方法。谈话法可以分为启发式谈话和复习式谈话两种方式。启发式谈话是教师提出一系列问题，激发学生独立思考，一步一步得出结论，使学生获得新知识的方法。复习式谈话是通过一系列的问答形式，帮助学生复习、深化已学过知识的方法。谈话法的优点是：有利于调动师生双方活动的积极主动性，充分激发学生的思维活动，提升学生的语言表达能力；有利于教学信息的反馈，及时调整教学方向；有利于促进教师和学生的情感交流和因材施教。但是，它的适用范围有限，它要求学生要有一定的知识基础，否则可能会出现"有问无答"的情况。

教师在运用谈话法时应做到以下四点。

第一，做好充分的准备。教师应当在事前针对相关问题做出周密的考虑和安排。例如，围绕什么内容进行谈话；提出哪些问题；提问哪些学生；如何提出问题；学生可能做出怎样的回答；怎样进一步引导学生；并在此基础上写出谈话提纲。

第二，精心设计问题。所提问题要有启发性、逻辑性，根据教学内容的重点、难点和关键，设计前后联系、环环相扣的问题序列；所提问题要立意明确、措辞简练，回答范围清晰；所提问题的难度要适宜。

第三，面向全体学生。谈话法的一个局限性就是不易使全体学生都参与到谈话中来，所以，教师要努力吸引每一个学生参与问答。例如，可以采用面向全体学生提出问题，在大多数学生思考后再点名回答；问题的难度要照顾大多数学生；点名回答的范围要广一些等策略。

第四，谈话结束时要归纳总结。谈话结束时，教师应当结合学生的回答，进行归纳总结，得出必要的结论，以便使学生获得比较全面系统的知识。

3. 讨论法

讨论法是在教师指导下，学生以全班或小组为单位，围绕某一个问题，各抒己见和相互交流，获得知识或巩固知识的一种方法。讨论法的具体方式有集体交换意见、分组讨论、全班讨论等。谈话法的优点在于：能更好地发挥学生学习的主动性、积极性；有利于培养学生的合作精神，集思广益、互相学习、取长补短；有利于提升学生的语言表达能力；有利于培养学生灵活运用知识分析问题、解决问题的能力。但是，运用这种方法要求学生有一定的知识基础，有一定的理解能力和思考能力。讨论法也常常与其他方法配合使用。

教师在运用讨论法时应做到以下三点。

第一，精选讨论的内容。首先，要选择那些有讨论价值的内容。一般来说，讨论的内容应当是教学内容的重点，并且学生容易产生不同意见。其次，难度要适宜，要符合学生的实际。

第二，善于组织和引导学生。教师应当在学生讨论时全面巡视、注意倾听，善于捕捉讨论中反映出来的问题。引导学生围绕题目中心以及联系实际大胆发言。当学生讨论遇到障碍时，教师要适当引导。

第三，讨论结束时，教师要及时总结。对疑难问题或有争论的问题，教师要阐明自己的观点。有些问题需要学生进一步思考，可以让学生自己学习和探讨。教师还可以指出讨论中的优缺点，并提出以后改进的意见。

4. 读书指导法

读书指导法是教师指导学生通过阅读教科书和课外读物获得知识，养成良好读书习惯以及培养自学能力的教学方法。读书指导法根据学生独立的程度可以分为三类：教师指导性阅读、学生半独立性阅读和独立性阅读。指导阅读的方法包括预习和复习阅读指导、课堂阅读和课外阅读指导等。读书指导法能够充分调动学生的学习积极性，有利于培养学生的自学能力和良好的阅读习惯。学生通过阅读书籍，培养独立思考和认真读书的习惯，不仅可以开阔眼界，广泛地去涉猎知识，还可以弥补教师讲解的不足。

教师在运用读书指导法时应做到以下三点。

第一，帮助学生逐步学会阅读的方法。教师指导学生读书要把精读与略读、读与思结合起来。要求读懂书中的字词句、段篇章层次结构，学会概括段落大意，归纳中心思想，学会记读书笔记，学会使用工具书。

第二，用多种方法指导学生阅读，如组织读书会、讨论会、演讲会等。

第三，培养学生的读书兴趣，帮助学生养成良好的阅读习惯。

（二）以直观感知为主的教学方法

以直观感知为主的教学方法，是教师通过对实物或直观教具的演示和组织教学性参观等，使学生利用各种感官直接感知客观事物或现象而获得知识的方法。在教学过程中，以直观感知为主的教学方法主要有演示法和参观法。

1. 演示法

演示法是教师在课堂上通过展示各种实物、教具，或进行示范性实验，让学生通过观察获得感性认识的教学方法。演示法的特点是直观性强，可以帮助学生获得他们生活中缺乏而又必须掌握的感性知识。演示教学特别符合学生身心发展的特点，能引起学生的学习兴趣、激发学生的思维活动，获得的知识印象更深，便于记忆。因此，在各科教学中被广泛使用。但是，这种方法只能作为辅助的方法，需要同讲授法、谈话法和讨论法结合使用。

教师在使用演示法时应做到以下三点。

第一，演示前明确演示的目标，做好演示的准备。例如，为什么要演示；演示什么；如何演示等。应服从教学目标和教材内容的需要。通过演示要帮助学生从感性认识上升到对科学概念的掌握。上课前，教师要认真准备好教具，事先进行预演，以保证课堂上演示成功。

第二，演示时配合讲授进行。演示要精确、可靠，操作规范，要让全体学生都能看到，教育学生运用多种感官去感知，以形成正确的概念和认识。演示过程中，教师要讲解、引导学生注意观察演示对象的主要特征和重要方面。

第三，演示后教师要及时总结。演示后，教师要引导学生分析观察到的结果以及各种变化之间的关系，通过分析、对比、归纳等，得出正确的结论。

2. 参观法

参观法是教师根据教学目标，组织学生到校外观察自然现象和社会现象，从而获得新知识或验证已经学习过的知识的教学方法。参观法可以分为三种：①准备性参观，在学习某种知识前进行；②并行性参观，在学习某种知识过程中进行；③总结性参观，在学习某种知识后进行。参观法的优点在于：能有效地把书本知识与实际紧密地结合起来，帮助学生深入理解和领会所学的理论知识；开阔学生的眼界，激发学生的求知欲望；还可以使学生受到生动而实际的思想教育。但是，这种方法费时较多，组织工作也比较复杂。

教师运用参观法时应做到以下三点。

第一，做好参观的准备。教师要根据教学的目标和要求，选择参观的项目和地点，规定参观的步骤，确定参观的计划。要事先向学生说明参观的要求和注意事项。

第二，指导参观的进行。在参观过程中，教师要关注和引导学生，提示学生注意的细节，引导学生思考，避免"走马观花"或"走过场"。

第三，总结参观的收获。参观结束后，教师要组织学生讨论参观的收获，及时进行小结，要引导学生把收集到的材料进行分析研究，得出结论，并形成体会或报告。

（三）以实际训练为主的教学方法

以实际训练为主的教学方法，是通过练习、实验、实习等实践活动，使学生巩固和完善知识、技能、技巧的方法。在教学过程中，以实际训练为主的教学方法主要包括练习法、实验法和实习作业法。

1. 练习法

练习法是在教师指导下进行巩固知识、运用知识、形成技能技巧的方法。练习的种类很多。按训练学生不同方面的能力来划分，有口头练习、书面练习和实际操作练习三种。按练习的任务来划分，有解答问题的练习、绘画制图的练习、写作和其他创作练习、运动及文娱技能技巧的练习四种。按练习的独立性来划分，有模仿性练习、创造性练习两种。练习法的优点在于，可以有效地促进学生技能技巧的形成，练习具有重复性。但是，如果不能控制好练习的数量与质量的关系，会加重学生的负担。

教师在使用练习法时，应该做到以下四点。

第一，明确练习的目标和要求。要让学生明确为什么要进行练习、练习的要求是什么、怎样才能达到要求。避免盲目和机械地练习。

第二，教给学生正确的练习方法。教师在学生练习之前，要讲解和示范正确的练习方法，并且保证学生基本掌握，以提高练习的效果。

第三，科学安排学生的练习。学生的练习活动要有计划、有步骤地进行，循序渐进，逐步提高学生练习的独立性；练习的方式要多样化，以便培养学生的兴趣；练习的强度要适中，难度要适宜。

第四，重视练习结果的信息反馈。练习结果要及时反馈给学生，以培养学生练习的兴趣和自我监督、自我检查以及自我评定的良好习惯。

2. 实验法

实验法是学生在教师指导下，运用一定的仪器设备和材料，在一定的条件控制下，引起某些事物或现象的产生和变化，使学生从参与操作和观察中获取新知识或论证新知识并形成一定的技能技巧的教学方法。实验法可以分为三种：一是探索性实验，在学习理论之前进行，目标是引导学生获得感性的知识和材料，为学习理论知识奠定基础；二是验证性实验，在学习理论知识之后进行，目标是验证理论，加深对理论的理解；三是巩固性实验，在复习、巩固知识时使用，目标在于巩固所学知识。实验法的优点在于让学生动手又动脑，理论与实践相结合，既可以巩固与加深所学的知识，又可以形成技能技巧，并能养成其严谨的科学态度和求实精神。

教师在使用实验法时，应该做到以下三点。

第一，做好实验前的准备。在实验之前，教师要向学生讲清实验的目标、内容、步骤以及仪器的使用和操作要领；根据设备条件及学生人数，对学生进行分组；做好仪器、材料用品的准备和检查工作，同时要进行先行实验，以保证实验效果。

第二，加强对学生实验的指导。实验进行中，教师要巡回指导，及时发现问题并予以纠正。对于独立实验有困难的学生，要给予个别指导，但不能代替，要注意培养学生的独立操作能力。

第三，做好实验总结。实验结束后，要做总结，指导学生写出实验报告，得出理性知识。此外，还要让学生把仪器、设备、材料收拾好，放到规定的位置。

3. 实习作业法

实习作业法是教师根据课程标准的要求，组织学生在课内外一定的场地运用已有的知识进行实际操作或开展社会实践活动，以获得一定的知识和技能技巧的方法。实习作业法的优点在于：较强的实践性、综合性、独立性和创造性，理论联系实际，有利于培养学生的独立工作能力。这种方法在自然学科的教学中占据着重要位置。但是，这一方法受条件制约的局限性较大。

教师在使用这种方法时，应该做到以下三点。

第一，实习进行前，做好实习的准备。制订好实习作业的计划，确定好实习的地点，准备好仪器设备，并组织学生学习有关的理论知识，向学生讲清实习作业的目标、要求、实际操作的注意事项、实习的组织纪律等。

第二，实习进行中，加强对实习过程的指导。帮助实习有困难的学生，及时克服障碍。

第三，实习结束后，做好实习结果的检查验收和总结。

三、教学方法的选择和综合运用

教学的成败在很大程度上取决于教师是否能妥善地选择教学方法。实践证明，教师只有综合考虑教学的各相关因素，选取适当的教学方法，并合理地加以组合，才能实现教学效果的最优化。

（一）选择教学方法的依据

教学的目标与任务对教学方法的选择具有方向性的意义。不同的教学目标与任务需要不同的教学方法去实现。不同学科性质的教学内容，应采取不同的教学方法；即使是同一门学科，由于具体的内容不同，教学方法也应该有所不同。教师的教是为了学生的学，教学方法要适应学生的年龄特征和知识基础，不同的学生，应该有不同的教学方法。当然，这并不意味着教学只是消极被动地适应学生的现有水平，而是应当从学生的实际出发，选择那些能促进和培养学生学习独立性的方法。教师应该实事求是地根据办学条件和自身对教学的驾驭能力，扬长避短，选择最有效的教学方法。同时还应考虑教学环境、教学设备等因素。

（二）教学方法的综合运用

任何一种教学方法都有其特定的使用范围和特殊的功能，也都不是十全十美的。为此，必须树立整体观念，注意各种教学方法之间的有机配合，充分发挥教学方法体系的整体性功能，并在掌握现有教学方法的基础上，不断探索、不断创新。

第三节　教学策略

一、教学策略概述

（一）教学策略的概念

在教育领域，"策略"主要是指教育教学活动的顺序安排和师生之间连续的有实际性内容的交流。教学策略是指在课程与教学目标确定以后，依据学生的学习规律和特定的教学条件，有针对性地选择和组合相关的教学内容、教学组织形式、教学方法和各种手段等，以便形成高校的特定教学方案的原理、原则和方式。

教学策略与教学方法既有联系，又有区别。教学策略包括对教学方法的使用。教学方法在实际应用中，主要是指具体的方式、手段和途径，可操作性强，属于"战术"的范畴。而教学策略规定和支配教学原则、教学方法、教学手段、教学组织形式等的选择和使用，属于"战略"的范畴。因此，教学策略除了包含对教学方法的选择和使用外，还包含对教学过程中其他相关资源的合理组织、调控和管理。

（二）教学策略的基本特征

1.综合性

选择和制定教学策略必须对教学内容、方法、组织形式、手段、步骤等要素进行综合考虑。

2.可操作性

教学策略不是抽象的教学原则，也不是在某种教学思想指导下建立起来的教学模式，而是可供教师和学生在教学中参照执行或操作的方案，有着明确具体的内容以及实际应用的基本步骤。

3.灵活性

教学策略根据不同的教学目标和任务，并参照学生的初始状态，选择最适宜的教学内容、教学媒体、教学组织形式、教学方法，并将其组合起来，保证教学过程的有效进行。最终实现特定的教学目标，完成特定的教学任务。

（三）教学策略的分类

长期以来，人们在教学实践中提炼出了许多有效的教学策略。按照构成因素，教学策略可以分为内容性策略、形式性策略、任务型策略和方法型策略四类。

1.内容型策略

内容型策略是以有效地提供学习内容为侧重点的教学策略。它有结构化策略和问题化策略两种类型。结构化策略强调知识结构，主张抓住知识的主干部分，构建简明的知识体系。问题化策略近年来颇受关注，有不少人提出了"以问题解决作为学校教学教育的中心"的主张。显然，它已经不仅仅指培养学生的解题能力，而是一种带有全局性的教学指导思想，有着根本性的创新意义。

2.形式型策略

形式型策略是以教学组织形式为中心的教学策略。主要分为三种形式：集体教学的形式、个别学习的形式和小组教学的形式。也有教育家提出两种基本策略：以教师或学校为中心的策略和以学生为中心的策略。以教师或学校为中心的策略，是学校中最常见的教学策略，教学内容由教师和学校来决定，教学时间的安排以及任课教师的选用都是由学校来安排的，学校和教师在这种教学活动中起主导作用。以学生为中心的策略，其主要目标是为适应学生个人学习方式的需要，学校和教师提供影响学生发展的教学资源，以组织和引导学生进行学习。在当今的高校教学中，这种教学策略是一种理想的教学策略。

3.任务型策略

任务型策略是以教学任务或学习类型为中心，在分析任务、创设学习条件的基础上，形成教学策略框架。任务型策略主要有练习性策略、问题定向性策略和综合能力策略。它紧紧围绕教学任务，既反映教学目标（学习目标），有很强的针对性，又规定了不同学习目标要采取的教学方法，创设相应的学习条件，有较强的实用性和可操作性。

4.方法型策略

方法型策略是以教学方法和技术为中心的策略。这一教学策略又可以分为讲授型策略和发现型策略。讲授型策略是指引导学习者系统学习知识的策略。发现型策略是指促使学生自己发现问题，并通过解决问题而掌握知识的策略。

二、教学策略的综合运用

（一）自主学习的教学策略

1.自主学习教学策略的含义

自主学习教学策略，是指教师指导学生自觉确定学习目标、制订学习计划、选择学习方法、监控学习过程与评价学习结果的教学策略。

2. 自主学习教学策略的实施

第一，激发学生的学习兴趣，引发自主学习的内部需要。第二，教给学生自我学习的方法。自主学习教学策略的关键在于教会学生自主学习。教师在教学过程中，要指导学生根据自身的情况确定学习的目标、选择学习的方法，更为重要的是，要帮助学生学会对自己的学习过程进行反思，如自我提问、检查和监督等。第三，构建自主学习的调控机制。与被动学习相比，自主学习更加需要师生双方的互动。为此，教师要转变角色，从"台上"走向"台下"，从"台前"走到"台后"，给学生创设一个具有吸引力的学习情境和正确有效的引导途径，成为学生学习和发展的促进者，与学生积极互动、共同发展。同时，要建立一种有效调控的机制，使学生获得全面提升。

（二）探究学习的教学策略

1. 探究学习教学策略的含义

探究学习的教学策略是在探究性学习环境下，根据探究性学习的要求，为达到一定的教学目标所采取的教学策略。

2. 探究学习的组织

探究学习一般要经历选择问题、提出假设、实施探究、解释结论、评价反思几个步骤。在不同的步骤中，教师应有相应的组织策略。

（1）选择问题

问题是探究性学习的核心，整个探究活动围绕问题展开，也随问题的解决而结束。问题的选择直接影响到教学活动的顺利进行和教学目标的达成。在指导学生选择问题时，教师要做到：第一，对学生的学习情况要有一个比较全面的了解，特别是学生的知识储备、发展趋向和兴趣爱好，努力创设一个科学的学习氛围；第二，设置适当的问题情境，激励学生提出问题；第三，指导学生从众多的问题中选择提炼出要探究的核心问题。

（2）提出假设

教师要激发学生的创造积极性，拓展学生的思维空间，让学生放开手脚，大胆想象。即便是一些"异想天开"的假设，只要有合理的地方，教师都应该给予肯定。

（3）实施探究

在学生实施探究的过程中，教师要以一个指导者和合作者的角色出现。给学生提供必要的资源，对学生探究过程中出现的问题提供信息等，推动探究活动的进行。

（4）解释结论

从资料的收集整理到对资料的理解，再到形成解释，这个过程对学生来说可能会感到困难。为此，教师要提供一些有关资料分类和资料整理方法的知识；要求学生努力陈述自己的解释，再将它们集中起来形成对问题的完整解释；可以引导学生使用不同的成果展示方式。

（5）评价反思

在这一阶段，教师可以为学生提供反思的思路、内容、方法，但绝不能代替学生反思。教师要组织好学生的个人反思和小组交流与反思。在个人反思中，教师可以就反思的内容、方法进行指导。在小组交流与反思中，教师以促进者和组织者的身份出现，一方面，组织学生就各小组的成果进行交流；另一方面，要指导学生以宽容的、辩证的态度对待其他同学或小组的解释。

（三）联系生活的教学策略

1.联系生活教学策略的含义

联系生活教学策略是指在教学活动中，教师的教学设计、实施和评价等，要与师生的现实生活相联系、相贴近的教学策略。生活与教育是密切相连的。教育教学与生活实际相连，也是新时期所倡导的教学方式。

2.联系生活教学策略的实施

第一，更新教育思想观念，把教育看成人的总体的生成。教育要以恰当的内容、方法和时机给学生以心灵的培养，唤醒其自我主体意识，使他们获得生命的整体升华。第二，在教学活动中，把教学内容与学生的现实生活和经验结合起来。例如，通过生活实例和实际情景让学生体验，帮助学生把所学内容与生活经验中的实际问题联系起来；通过教学内容在生活中的应用与现实生活相联系；通过学生直接运用所学知识解决日常生活中的问题和现实生活相联系。第三，在教学活动中为学生营造生活的氛围。教师要结合具体的教学内容，充分调动学生的生活经历和体验。同时，要拓宽教育教学的渠道，把学生引向社会、引向生活，把所学的知识运用到生活中去，丰富学生的生活体验。

（四）合作学习的教学策略

1.合作学习教学策略的含义

合作学习教学策略，是以学习小组为基本形式，以小组成员合作性活动为主体，以小组目标达成为标准，以小组总体成绩为评价和奖励依据的教学策略。合作学习有利于培养学生的交往能力。作为新时期所倡导的学习方式之一，随着基础教育课程改革的推进，越来越被认为是一种十分有效的形式。

2.合作学习教学策略的实施

建立新的课堂教学交往观。首先，不仅要重视师生之间的交往，而且要重视学生之间的交往；其次，要建立融洽的师生关系和学生人际关系，要帮助每一位学生在交往中找到各自恰当的位置；再次，交往要面向全体学生，尽可能实现学生之间的直接交往；最后，要围绕一定的教学目标进行交往。小组合作学习不仅仅是合作完成学习任务，更重要的是要培养学生的合作意识。教师指导学生参与只有通过合作才能完成的活动，逐步培养学生的合作意识。使学生养成"倾听"的习惯；养成良好的"表白"习惯；养成良好的"支持"与"扩充"习惯；养成良好的"求助"和"帮助"习惯；养成良好的"建议"和"接纳"习惯。

（五）主动参与的教学策略

1. 主动参与教学策略的含义

主动参与教学策略是指教师采取各种教学方法，调动学生学习的积极性、主动性和创造性，使全体学生积极主动地参与到教学过程中来，从而实现学生自主学习的教学策略。教学过程是教师和学生的双向活动过程。学生参与教学过程的程度、形式和性质将直接影响教学效果。只有创造条件，让学生积极主动地参与教学的全过程，才可能取得最优的教学效果。

2. 主动参与教学策略的实施

第一，相信学生、尊重学生。相信学生有能力参与教学的各个环节。第二，优化教学结构，为学生创设主动参与的机制。改变"教师讲学生听"的单调的教学结构，创设多样化的教学形式，如讨论、小组合作学习、竞争、学生间互答互评等，调动学生参与教学活动的积极性。第三，让学生参与教学的全过程。学生参与教学就是要参与到教学的各个环节，利用各个环节的教学促进学生的发展，最大限度地发挥他们的主动性。第四，教给学生参与的方法。为了保证教学活动的有序进行和学生参与的质量，教师要教给学生参与的方法，培养学生参与教学活动的能力。第五，让全体学生都参与到教学活动中来。参与是每个学生的权利，教师要使用恰当的方法，使全体学生都参与到教学中来。针对不同特点的学生，可以因材施教。第六，教师平等地参与学生的活动。教师要从学生的心理特点出发，以平等的身份与学生一起自由选择问题、设计方案、讨论问题，提出自己不同的见解，给学生以科学的启发、引导。

实践证明，任何一种教学策略都是与特定的教学目标、教学内容相联系的，不存在一种适合所有教学情境的万能的教学策略。在具体的教学工作中，教师要根据教学情境和教学目标的要求，恰当选择和优化使用合适的教学策略。

第三章　高校教师队伍建设

第一节　高校教师队伍概述

一、高校教师队伍的内涵

教师是高等院校的主体，高水平的教师队伍是体现大学高水平的重要标志。大学的荣誉不在于它的校舍和人数，而在于它的一代一代教师的质量。一个学校要立得住，教师一定要出色。世界一流大学都拥有大批一流的教师及各领域的著名专家、教授，其中有不少是重要奖项获得者或举世公认的学术权威。随着高等教育的改革与发展，高校教师队伍建设进入了一个新的发展阶段，而教师队伍的结构，在很大程度上决定教师队伍的水平。教师队伍的结构主要包括年龄结构、学历结构、职务结构、学缘结构、专业结构等。教师队伍构成是否合理，会对高校的教师管理产生很大的影响，进而会影响到高校的办学质量。合理的教师队伍结构对培养高质量的人才，创造出高水平的研究成果具有重要的意义。

二、高校教师队伍的特征

对于不同类型、不同层次的学校来说，教师队伍的整体状态以及他们所表现出来的特征是不同的，但是，教师作为一个职业群体在社会组织成员中扮演的角色内涵是相通的，其具有四个基本特征。

（一）高尚的精神追求

学校得以持续生存与发展靠的不仅仅是硬件的实力，更是学校的精神，特别是一支富有积极向上精神的教师队伍。无论是小学教师还是大学教师，他们无不执着地追求爱国守法、爱岗敬业、关爱学生、教书育人、为人师表、终身学习的信念。因此，一支优秀的教师队伍必须要求教师具有高尚的精神追求，在自己的岗位上默默奉献知识和能量。

（二）优秀的团队意识

教师是主导教学活动的组织者和协作者，这就要求教师无论是在课程教学活动中还是在学术研究中都需要凝聚力量，与他人精诚合作，以达到教学效果的最佳状态。在基础教育阶段，教师担负的教学任务十分繁杂，这就要求教师之间要有密切的配合，教研组要发挥凝聚作用，强化教学团队，实现教学资源的优化配置和科学利用。高等教育相对于基础教育来说，课程教学的专业性增大，科研领域和方向相对分散。但是，合作研究、互惠互利、资源共享，往往是高等学校教师队伍表现出来的专业特长。因此，一个优秀的教学团队中教师之间要有合作，要共同促进教学能力的提高。

（三） 高超的学术水平

教师的学术水平高低体现在学术意识高低上。学术意识要求教师不仅是学生学习的指导者，更是课程的研究者。因此，教师必须具有创新意识，钻研教材，探索新教学方法，激发学生的学习兴趣，倡导研究性学习，敢于突破常规。教师具有创新精神和创新意识，才能培养出具有创新能力的学生。

高校教师应以教学为本，但是，也不能忽视科学研究对教学质量的促进作用。教学与科研应该是相互依存、相互助长的辩证统一关系，要鼓励高校教师在教学和科研方面都得到发展。一个优秀的教师不仅要教书育人，还要积极投入到教育科研中，不断总结自己的教育成果，认真反思，探索新的教育理念和方法。

（四） 终身的学习热情

知识社会对高校教师职业提出了更高要求，高校教师要想跟上知识更新的速度，站在学科和学术研究的前沿，就必须树立终身学习理念，不断补充新的知识，才能把最前沿的科学文化知识教授给学生。终身学习，不仅需要高校教师不断地更新知识，还要学会更新教学方法和手段。

第二节　高校教师队伍职业规范

一、高校教师职业道德规范

职业道德的概念有广义和狭义之分。广义的职业道德是指从业人员在职业活动中应该遵循的行为准则，涵盖了从业人员与服务对象、职业与职工、职业与职业之间的关系。狭义的职业道德是指在一定职业活动中应遵循的、体现一定职业特征的、调整一定职业关系的职业行为准则和规范。职业道德既是从业人员在进行职业活动时应遵循的行为规范，又是从业人员对社会所应承担的道德责任和义务。不同职业的人员在特定的职业活动中形成了特殊的职业关系、职业利益、职业活动范围和方式，由此形成了不同的职业道德规范。

（一） 爱国守法

爱国守法是对高校教师素质的基本要求。爱国，要求教师热爱祖国，热爱人民。守法，要求教师遵守宪法和法律法规，依法履行教师职责，维护社会稳定和校园和谐，不得有损害国家利益和不利于学生健康成长的言行。守法，也就是依法执教。依法执教就是教师要依据法律法规履行教书育人的职责。一方面，教师的教育教学行为在法律法规所允许的范围内进行；另一方面，教师要善于利用法律手段来维护自身的合法权益。依法执教是依法治教的主要体现和重要保障，这里强调了学校教师在教书育人的过程中必须按照法治精神和法律规定行使职业权利、履行职业义务。依法执教，不仅要求教师知晓教育法律及其相关法律对教师教学行为的授权与许可、约束与禁止，还需要廉洁从教，即严格执行教育法规，以更加严格的规则要求自己。

（二）敬业爱生

教师是社会美誉度较高的职业，教育是全社会普遍关注的事业。人类社会的进步与发展在于教育水平的提升，而教育发展的根本动力在于一大批教师对教师岗位的热爱以及对教育事业的敬仰。敬业，要求教师忠于教育事业，树立崇高职业理想，以人才培养、科学研究、社会服务和文化传承创新为己任。敬业需要爱岗，爱岗是对教师角色的热爱。爱生，要求教师真心关爱学生，严格要求学生，公正对待学生，做学生的良师益友，不得损害学生和学校的合法权益。高校教师要关心爱护全体学生，无论是优秀学生还是成绩差的学生，无论是本院系的学生还是来自其他院系的学生，要尊重学生的人格，以平等、公正原则行使对学生学业成绩的公正评价权；严格要求学生，耐心辅导答疑；保护学生合法权益和人身安全；以自己的最大努力，促进学生全面、自由、健康发展。

（三）教书育人

教书，是教师的本分；育人，是教师的天职。自古以来，教书育人是人们对教师的讴歌和赞美，从而也奠定了教师职业形象的崇高与伟大。从育人的角度来看，教师必须坚持育人为本，立德树人，把育人作为教师的根本职责；遵循教育规律，实施素质教育，改变传统的教育观念和学习方式，让学生从被动的学习模式中解放出来成为学习的主导者；注重学思结合，知行合一，因材施教，不断提高教育质量。从教书的和谐性来看，教师作为尊长，与学生的关系需要建立在和谐相处的环境中。因此，要求教师"严慈相济，教学相长，诲人不倦"，要尊重学生个性，促进学生全面发展。

（四）严谨治学

严谨是一种科学的品格，是一种谨慎的态度，是在当前的学术环境中能够理性面对、洁身自好，而不追风赶潮。治学是对科学的不断探索，特别是在学术自由理念下对科学真理和人文真谛的不懈探索与追求。治学是教师的精神寄托，更是一种大学文化，而这种文化主要体现于高校教师身上所拥有的严谨的学风、渊博的学识、优雅的学品。严谨治学，要求教师能够弘扬科学精神，勇于探索、追求真理、精益求精，努力使自己成为学科专业的尖端人才；要求教师能够实事求是、发扬民主、团结合作、协同创新，不断取得新的成就；要求教师能够"秉持学术良知，恪守学术规范""尊重他人劳动和学术成果，维护学术自由和学术尊严""诚实守信，力戒浮躁"。

（五）服务社会

高校教师要勇担社会责任，为国家富强、民族振兴和人类进步服务，成为时代的先驱者；要传播优秀文化，普及科学知识，成为文化的传播者；要热心公益，服务大众，成为生活的引导者；要主动参与社会实践，自觉承担社会义务，积极提供专业服务，成为社会管理创新的参与者。同时，教师在服务社会的过程中，应当秉持严谨的治学态度和规范的学术道德，坚决反对滥用学术资源和学术影响。

（六）为人师表

教师是人类灵魂的工程师。为人师表是要求教师理应成为学生的表率，成为公众仿效的楷模。学为人师，行为世范，是为人师表的核心内容；教师要淡泊名利，志存高远，绝不为蝇头小利而丧失人格，也不为权势利诱而随波逐流；要树立优良学风教风，以高尚师德、人格魅力和学识风范教育感染学生，努力让自己成为学生心目中最喜爱的教师；要模范遵守社会公德，维护社会正义，引领社会风尚；要言行雅正，举止文明，体现出教师高雅的文化素养；要清廉从教，以身作则，绝不利用一切可能利用的关系和便利条件谋取私利；要自觉抵制有损教师职业声誉的行为。

二、高校教师职业发展要求

（一）学科专业理论基础

首先，高等学校教师应具备某一学科门类的专业知识，尤其是具有博士学位的高学历者，其学科专业的理论基础应当更加坚实。高校教师的主要工作是教学，这就要求教师对本门学科专业知识的掌握应当更完整、更系统、更扎实。其次，高等学校教师应当具有丰富的相关学科知识。教师的教学活动不能局限在一门学科专业知识范围内。高校学分制改革使不同学科专业的学生选读教师教授的课程，甚至要求教师与学生协同创新，参与社会实践活动。教师面对的是知识来源广泛、求知欲旺盛的青年，他们总是带着种种问题在知识领域孜孜寻觅。这些问题常常超出某些专业范围，甚至超出目前人们能够理解的范围。教师没有理由拒绝学生提出的合理要求，如与学科专业相关的知识问题。

（二）教育科学理论基础

首先，教师需要掌握教育学知识。如教育社会学知识、普通教育学知识和教育科学研究知识。其次，教师需要掌握心理学知识。如普通心理学知识、发展心理学知识、教育心理学知识和社会心理学知识。这几个方面是相互关联的，又是相互独立的，它们一旦被教师掌握，就会提高教师的教学水平。

（三）专业技术和应用能力

专业技术和应用能力是评价高等学校教师职责的重要指标。在应用技术型大学或高等职业院校中，"双师"所要求的应用技术资格和能力已经成为教师队伍评价指标体系的基本要素。现代的专业教师，不仅要具备科学文化知识、学科专业知识，还要具备教育专业知识、实践性知识。实践性知识是指教师在面临实现有目标的行为中所具有的课堂情景知识以及与之相关的知识。具体来说，这种知识是教师教学经验的积累。因此，高校教师需要提升专业技能，并在教学过程中积累实践性知识，从而丰富教学内容。

（四）教学能力

教学是以知识、技能、道德规范等为媒介的、师与生相互作用的双向活动。在这种活动中，决定教师在其中的地位、作用的核心因素就是教师的教学能力。教学能力是教师在与学生相互作用的双向活动中，以知识、技能、道德规范等为媒介，以多元化的组织行为为手段，促使教师在实现教育目标中产生积极引导作用的核心要素和本领。

高校教师的教学能力包括教学认知能力、教学设计能力、教学调控能力、教学评价能力和运用教学媒介能力。教师教学认知能力是指认识、理解与把握教学活动基本元素（诸如任务、内容、对象等）的能力，包括理解专业目标及课程的能力、了解教学对象的能力、分析与处理教材的能力。教学设计能力包括设计教学目标的能力、突出教学重点和难点能力、选择教学策略和教学方法的能力、编写教案的能力。教师的教学调控能力包括反馈教学信息能力、调控教学进程能力和课堂管理能力。教师的教学评价能力包括教与学两方面，即教师教学自我评价能力和学生学业成绩评价能力。运用教学媒介能力包括教师运用语言表达的能力、运用教学技术手段的能力。

第三节　高校教师队伍结构

一、教师队伍结构的基本要素

（一）教师队伍结构内涵

构成高校教师队伍结构的基本要素大致可以分为两类：一类是显结构要素或称之为外在表象，如教师的年龄、学历、职务、专业等；另一类是潜结构要素，体现为教师的内涵和素养，或称之为内在涵养，如教师的思想品质、业务水平、心理素质、性格与气质等。高校教师队伍结构是否合理，应取决于显结构要素与潜结构要素的科学组合。所以，在高校教学工作评估指标体系中，高校教师队伍结构合理与否，始终成为衡量高校教师队伍建设质量的重要标尺，也是形成高质量教师队伍的重要标志。

（二）教师队伍结构形式

1.年龄结构

合理的年龄结构应是教师队伍的每一年龄段都有恰当比例，没有明显的集中性。通常来说，教师队伍在年龄结构上呈现自然的正态分布，即老中青结合，并呈相对平行的柱状形。随着近些年来高校规模的快速扩张，各高校纷纷引进青年教师，教师队伍的年龄结构迅速发生变化，结构失衡问题凸显，如年轻教师所占比例过大，老龄教师比例过小，结构失衡非常严重。

2. 职称结构

高校教师队伍的职称结构是指教师队伍内部具有各个级别的专业技术职称的教师的数量匹配和联结情况，它在一定程度上反映了教师队伍的学术水平和能力层次。按照分类指导原则，不同层次和不同类型的高校，在教师队伍的职称结构上应当有所不同。但是从整体上看，绝大多数高校教师队伍中的高级职称教师比例偏小。

3. 学历结构

高校教师队伍的学历结构是指教师队伍中具有各种不同学历层次、不同学习类型的教师的数量匹配和联结情况。从学历的层次上来看，高学历在高等学校教师整体数量结构中的占比呈上升趋势，具有本科毕业和高中毕业以下的学历的教师也将逐步退出。尽管学历不等于能力，文凭不等于水平，但相比之下，高学历教师受到更为规范和更高层次的学术训练，专业成长更快，发展的可能性更大。从结构的要素匹配上看，高校教师队伍中高学历教师比例当然越高越好。但是，不同类型的高校应根据自身不同的定位和需要，综合考虑经济成本等因素确定本校教师队伍合适的学历结构建设目标，比如应用技术大学需要更多的不是高学历者而是高技术的工程师。

4. 知识结构

知识结构是指通过学习与实践所获得的全面知识、技能和素质等智力成果，并按照一定的逻辑关系进行建构组合形成的一种智力体系。一个人具有丰富的知识，体现在文理交融，学科宽博，具有合理的知识结构。高校教师队伍知识结构是指整个教师队伍所获得的知识、技能和素质等智力成果的分布状态。目前高校教师中局限于个人钻研领域的"专家"很多，舍得花功夫自主学习和探讨其他学科知识的教师少之又少。许多教师只注重对理论性较强的知识进行研究，对宏观研究、政策研究把握得较好，而对实践性课题研究甚少，对微观性及操作性问题的把握不到位。

5. 任职结构

任职结构是指高校教师队伍中担任专任教师和兼任教师的数量比例，有的称为"专兼结构"或"数量结构"。高校教师的任职实行"专职为主，兼职为辅，专兼结合"的形式。专职教师是以教学为专门职务的教师，而兼职教师是指被校聘兼教学职务的校内外非专职教学人员。可见，专职教师是考察高校教师队伍数量与结构的主要对象。

二、高校教师队伍结构现状

考察学校的教师队伍结构现状，首先要看学校在自评报告中是如何表述教师队伍结构状态的。其次是师资队伍稳定，结构合理，发展趋势良好；教师队伍整体素质高、实力强，学术带头人在教学中发挥了主导作用。这里需要注意的是，结构是否合理是需要通过数据来表现的。所以，高等学校应把教师队伍建设摆在头等重要的位置，特别是加大对学科带头人的引进和培养的力度，加大对青年教师的扶持和引导，努力改善教师队伍整体结构状态不太合理的局面。

第四节　高校教师教育教学水平

数量和结构是师资队伍审核项目中的审核要素之一，尤其师生比是高等学校办学基本条件的重要指标。但是，教育教学水平是考察高校师资队伍的又一审核要素，而且，审核要点体现于两个方面：一是专任教师的专业水平与教学能力；二是学校师德师风建设的措施与效果。

一、高校专任教师概述

（一）专任教师的内涵与外延

专任教师是指具有教师资格、专门从事教学工作的人员。这些人员要具有高等教育教师资格证书，且在统计的时段承担教学工作。由此可见，专任教师并不是高校人力资源管理中所指的在编在岗教师，而是具有评估意义的教师概念。具体来说，纳入专任教师统计范围的包括四类人员：①具有高等学校教师资格且在统计时段承担教学任务的专职任课教师。②具有高校教师资格且在统计时段承担教学任务的"双肩挑"（行政兼教学）人员。③具有高校教师资格且在统计时段承担教学任务的非高校教师专业技术职务系列人员。④具有高校教师资格且在统计时段承担教学任务的分管学生工作的正副书记、教师。另外，在界定是否属于专任教师时还需要注意，由于学历原因未能取得高校教师资格证，但具有高校教师专业技术职务并一直从事教学工作的人员；已经调离教学岗位不再承担教学工作，专职担任行政领导工作或其他工作的原教学人员。

（二）专任教师的专业水平

1. 良好的文化素质

一个优秀的专任教师必须具有良好的文化素质。教师应该拥有合理的知识结构，教师的知识面要宽，包括普通文化知识、学科专业知识、了解有关教育的基本理论和最新发展动态。应"博"与"专"相结合，以博养专，以专促博，专与博相辅相成。这种知识结构的潜力较大，不但能胜任教学工作，而且在教学和科研上能取得突出的成绩。

第一，教师应精通自己的学科专业知识，扎实而渊博。只有教师的知识面比学校教学大纲宽广得多，才能成为教学过程的精工巧匠。对教师来说，不仅要熟悉所教教材的基本内容，形成完整的知识体系，还要加强业务进修，跟踪学科学术动态，了解新观点，掌握新信息，不断更新知识，站在学科的前沿。

第二，教师应具有广泛的学科知识，不断拓展自己的学科研究领域，做到博学多才。在全面实施素质教育中，着力培养学生的综合素质和创新能力，教师的博学多才至关重要。教师应注重与其他学科的沟通，形成"大教学观"，为学生创设开放的教学情景，培养学生的创新意识和能力。

第三，教师应具有教育科学理论修养，了解受教育者的心理特征。科学的教学需要科学理论的指导，教师要较好地实施素质教育，就必须掌握教育学、心理学和学科教学法等基本知识，用科学的理论去指导自己的教学。

2. 全面的业务能力

根据学科专业的不同特征，对专任教师的业务能力要求也有差别。例如，艺术类的专任教师业务能力注重创作、演艺，工程类的业务能力注重技术应用，基础学科专业教师的业务能力则注重科研引导。

（1）语言表达能力

语言表达是所有教育工作者必备的主要能力。教师的语言修养在极大程度上决定着学生在课堂上的脑力劳动的效率。教师需要依靠语言表达，把丰富的知识通过口头传授给学生。这就要求教师使用语言要准确清晰，具有学科性；简洁明了具有逻辑性；生动活泼，具有形象性；抑扬顿挫，具有和谐性。

（2）知识创新能力

具有较高的科技素养和创新能力是知识时代对人才的基本要求。要培养创新人才，就必须有创新型的教师。创新型的教师就要具备扎实的基础知识、广博的视野及善于综合、开拓新领域的能力，掌握创新知识的方法，具有勇于探索、敢于怀疑和批判的精神，善于吸收最新教育科研成果，将其运用到教学中，并有独到的见解，能够发现行之有效的新教学方法。简言之，教师的创新能力包括独到的见解、新颖的教法、创新的思维、凸显的个性、探索的精神等。

（3）教学组织能力

教学组织能力是一个教师取得教学成功的保证。缺乏教学组织能力和教学指导能力的教师，无论其知识多么广博，都难以完成教育和教学任务。首先，要具有组织课堂教学的能力。高校教学更加要求教师能够有效地组织课堂，让全体学生参与课堂教学。因此，教师要能够集中学生的注意力，灵活调节教学过程，活跃课堂气氛，控制教学环境，引导学生思维，发展学生的创新能力，维护课堂教学秩序，处理偶发事件等。其次，要具有组织课外活动的能力。教师要能将第一课堂教学延伸到第二课堂，开展丰富多彩的课外活动，这不仅是活跃教学形式，激发学生学习兴趣的需要，也是开展创新教育，培养创新人才的重要途径。例如，组织和指导学生兴趣小组参观考察和参加社会实践活动，组织讲座、讲演、展览、表演、制作、竞赛等活动，形成人人参与、自己动手、发挥特长、凸显个性的开放式学习氛围。

（4）教学学术能力

高校教师的使命不仅是教书育人，还需要对教学进行研究，实现教学学术化，使教师成为学者或者教育家。因此，教师首先要把教学实践与教学研究结合起来，善于总结自己的教学经验，对教学中遇到的问题进行研究，提出自己的见解，进而探索和发现新的教学规律、教学方法和模式。其次，教师要加强教育教学的理论研究，对教学进行创造性思考。只有成为学者型的教师，才能适应知识时代的挑战和高校教育的发展。

3. 高质量的教学水平

高质量的教学水平是教学知识、教学技能和教学活动的有机统一。教学技能的形成离不开教学实践。教学技能在教学活动中起调控作用，娴熟的教学技能是高水平教学能力的表现，但是仅具备熟练的教学技能并不等同于教师具备很高的教学能力，教师还应具备扎实的教学知识。教学技能的培养要以知识为基础，教学知识是教学能力的保证，它有为教学活动确定方向的重要作用，能够对教学效果产生直接的影响。

二、专任教师教学能力

（一）课堂教学的认知与转换

现代大学的课堂教学不再是单一的灌输式教导，而是基于翻转课堂的多元化的教学模式，以教为中心的教学形式开始转向以学为中心的教学互动模式。从教育学的理论上讲，教师的教学能力首先体现在课堂教学上，然而，课堂教学能力绝不是一学时的精彩演讲，它是不同的教师个体在日常教学中通过体验、感悟、实践等方式形成的独特能力，既存在能力指向目标的差异，也存在能力强弱和水平高低的差异。因此，教师的课堂教学能力往往因人而异。

（二）教学情境的适用与调控

参与教育实践活动是教学能力形成的基础。教学能力总是与特定教学活动相联系，并使得教师在特定的教学活动中得到特定的教学能力提升。当然，基于翻转课堂和小班制教学模式，不同的教学内容，不同的施教对象，会形成不同的教学情境。教师需要适应不同教学情境的变化，并在这种不同的教学情境中调控教学内容、形式、节奏、效果等，即教师能够将一般教学技能知识同差异化的环境相结合。此外，在教学过程中还会发生事前难以预料的情境或者突发事件，教师还需要具有教学机智。教学机智是教师根据教学情境变化创造性地进行教学的才能，是教师面对突变的教学情境所表现出的敏捷、果断、准确判断和恰到好处地处理的一种教学技能。

（三）教学运行的规范与控制

如何做到教学运行规范有序是衡量一个教师教学能力的重要方面。当然，教学运行的规范性，不仅要求教师按照教学运行规范要求制订课程教学进程计划（有的学校称之为"教学日历"），或者按照教学大纲要求突出教学重点、难点，也要求教师将专业学术水平与教育教学理论相结合，了解并掌握教学过程的特点和规律、教学原则、教学方法以及学生的心理特点等，在宏观、系统的研究基础上科学地确定教学过程，保证整体的教学运行能够张弛有度、难易适中、善始善终。

（四）教学科研的转化与应用

如何处理好教学与科研的关系，一直是高校面临的两难问题。对于专任教师来说，同样需要处理好教学与科研的关系。从教师教学能力的角度上看，这里主要体现在教师是否具有将教学与科研进行转化与应用的能力，即将科研成果转化为教学内容，使教学内容得到科学应用。其一，要摆正教学与科研的位置，以教学为中心，将科研置于重要地位；其二，以教学为中心，应将科研的方法、成果等体现于教学中，实现教学科研化；其三，将科研置于重要地位，在教学过程中，由师生共同发现并探讨科研问题，可以使科研成果得以传播和证实，实现科研过程的教学化，从而使教学与科研在互动中发展。

三、提升专任教师教学能力

（一）倡导教学学术理念

高校教学作为一种学术性的活动，除了要求教师具备一定的教学知识外，还要在教学过程中通过不断的实践和探索而逐步形成一种教学能力。教学学术就是专任教师自觉地对"如何才能更好地传播本专业知识"所进行的科学研究的成果，同专业学术一样，教学学术是教师从实践中（教学实践）提取中心问题，通过使用合适的方法对这个问题进行研究，将研究成果应用于实践，并与同行交流、反思及接受同行评价的过程。但是，教学学术不是孤立的，还需要通过人际交往与沟通得到充分体现，沟通是教学学术的本能。沟通是一种对话关系，包括教师与教师之间、教师与学生之间的交流。一方面，教师的教学工作不是孤立的，是在与其他教师的分工协作和共同努力下完成的，教师之间除了开展公开课进行教学心得分享外，还应该经常进行学术探讨，开展学术交流活动。教师在彼此之间的交流沟通中互相学习、取长补短，有利于自身专业素质的发展和教学学术水平的提高。另一方面，教师教学的对象是学生，教师要注重与学生进行交流，要用渊博的专业知识、深厚的学术素养和独特的教学风格吸引学生，激发学生的学习热情。教师要经常注意观察和了解学生的心理活动，满足学生的心理愿望和需求，与学生建立密切的关系，解决学生的疑难问题，特别是对于那些对学习有抵制心理的学生，教师更要有足够的耐心与之进行沟通。因此，教师与同事和学生之间良好的沟通能力是教学工作能顺利开展的重要保证。

教学学术也需要教师具有反思教学的能力。反思教学是教师把教学实践作为认识的对象，对其合理性和科学性进行评判，并考虑、选择提升教学实践合理性和科学性的过程，是教师借助于逻辑推理的技能和仔细推敲的判断以及支持反思的态度进行的批判性分析的过程。反思教学的能力是教师改进教学质量、提升教学学术水平的重要保证。教学反思是教师自我成长和专业发展的核心元素，如何让教师在完成教学任务的同时，发展自我，提高自我，是关乎教师能否在教学中完成教书育人任务的一个关键因素。高校教师应该是反思型的实践者，能够通过对教学行为的反思，不断改进教学工作，提高教学实践能力。教学过程应该是对教学实践不断反思的过程；要促进教学专业的发展，教师就应该成为反思的实践者。教学反思是一个能动的、审慎的认知加工过程，也是一个与情感和认知密切相关并相互作用的过程，在此过程中，不仅要有智力加工，而且需要情感、态度等动力系统的支持。

（二）完善教学学术制度

大学应积极倡导教学学术理念，调动教师教学和研究教学的积极性，鼓励教师研究和发展教学学术；应努力提高教学和教学学术的地位，协调、处理好教学与科研的关系，使提升教学学术成为每一位教师的学术责任；应主动营造教学学术氛围，制定教学学术发展规划，尊重并鼓励对教学学术提升做出贡献的教师。重视和提升高校教师的教学学术是当代教学改革与发展的关键，大学必须以教学工作为中心，以教师为核心，充分调动教师教学的积极性、主动性和创造性，提高他们对教学学术重要性的认识。

（三）共同参与教学改革

在组织管理中应尽可能聆听青年教师的声音，采纳青年教师的合理建议，保障青年教师的合法权益。地方高校在制定涉及教师切身利益的重要制度和政策时，应当有青年教师代表参加，让青年教师有机会参与学校的管理活动，表达他们群体的利益诉求。改革的成败取决于教师的态度。然而改革者们设计的许多方案，似乎是强加在教师身上的，是向他们提出的，而不是和他们共同提出的。因此，对于教育工作者来说，他们要主动地参与教育改革方案的制定、实施和监督工作。

（四）落实教学评价地位

随着经济文化的快速发展，高校与社会的联系越来越紧密。高校应不断完善教学和学术评价体系，强化教学单位的教研能力，加强监督和评价，认真思考为什么评价教学和怎样评价教学，使评价的目标、标准和内容真正明晰，切实提升教师的教学学术水平。

（五）培养自主学习能力

目前，高校教师的教学学术无论是从静态的角度还是从动态的角度看，都还存在一些问题，要提升教师的教学学术水平，就必须树立正确的教师教学培训观，强化教师的学术发展理念，着力改善教师的教学态度、知识水平，提升教学监控能力。教师只有具备自我提升的意识，才会有动力进行自主学习，并提高自身的综合素质。

四、高校师德师风建设

师德是指教师在从事教育劳动的过程中所形成的相对比较稳定的道德观念、行为规范和道德品质的总和。师风是指教师的教学、学术作风，是教师的思想文化素养和人格修养的综合表现，是教师的道德、才学、素养的集中反映。师德是教师的灵魂，是教师的职业道德修养，而师风是其表现出来的思想和工作作风，两者是一个不可分割的整体。师德是师风的基础，没有良好的师德就不可能具备良好的师风；师风是培养师德的重要条件。师德是教育活动中的道德现象、道德关系在观念形态上的反映。师风决定一个学校的风气，影响学校的精神面貌，是思想和工作作风的具体表现。良好的师德观有助于学校和教师在师德师风建设过程中采取正确的行动，促进高校良好师风的形成。同时，师风有利于高校师德水平提升，高校形成了高尚的风气，教师受高尚的社会风气的影响，就会自觉地遵守师德规范。师德、师风影响整个教师队伍的整体素质，关系教育事业的发展成果。加强高校师德师风建设对培养适合社会发展需要的合格人才具有十分重要的作用。在当前社会快速发展的时期，师德、师风建设必须做到与时俱进，适应教育发展的总趋势。

（一）加强师德师风建设的意义

优秀的师德师风体现为教师爱岗敬业、教书育人、言传身教，可以为国家培养高素质的建设者和接班人。每一位高校教师都应当自觉遵守师德规范，树立高校教师良好的职业形象。高校教师不仅要以身作则，率先垂范，而且要自觉成为学生思想道德教育的积极组织者、实施者和引导者。

良好的师德师风是德育、教学、管理和服务工作的基础，是确保坚持正确办学方向，办好人民群众满意的教育的根本条件。也就是说，抓好师德师风建设可以从根本上促进教学、科研、管理、服务等各项业务工作的开展。高校必须以师德师风建设为重要抓手，对教职工提出更高的师德师风要求，通过持之以恒的制度建设、机制建设和作风建设，造就一支师德高尚、业务精湛、结构合理、充满活力的高素质教师队伍，从而全面提高教育教学质量，促进学生成长成才，推进各项事业科学发展，为国家培养出一批又一批高素质的优秀人才。

（二）高校师德师风建设的措施

1. 建立科学评价机制

高校要按照师德师风标准和要求，定期对教师师德师风水平进行考评。将教师师德师风评价真正与教师的职称评定、职务晋升、评奖评优挂钩，并将教师师德师风评价结果存入教师个人档案。目前，高校在师德师风评价方面的制度建设并不完善，虽然在教师考核、评估、职称评聘等方面对师德师风都有要求，但比较笼统，且具有很大的弹性。当前，高校开展师德评价时要重点解决好三个问题：一是师德评价标准；二是师德评价方式；三是师德评价结果的反馈与落实。其中，师德评价标准问题最重要，有利于促进高校师德师风建设。高校教师评价不能搞多元化标准，要坚持用共同性与特殊性相结合的原则来评价教师师德师风水平。将评价标准具体转化为具有行为特征的评价标准后，评价者在评价时就有了具体的评价标准，就能避免理解上的分歧，就有了较为客观的评价结果。

2. 建立健全监督机制

健全规章制度，做好评估与监督。要建立一整套完善的师德师风建设规章制度，如教师教书育人条例、教学工作条例、教师职业道德规范、教师文明用语等，注重抓严、抓细、抓实。高校教师的职业行为相对于其他职业，自主性比较强，职业特点决定了教师在时间、精力的投入上基本应由教师自己做主。因此，各高校在加强师德师风建设中有必要建立一个由学生、管理层及社会三方构成的监督网络，根据师德师风的总体要求和具体行为规范，对教师的职业行为进行监督，形成一定的压力，促进师德师风建设。

3. 构建有效的激励机制

注重表彰先进，充分发挥典型示范的作用。学校定期举行师德师风建设表彰活动，对获奖者给予精神和物质奖励，并在晋升职称、岗位聘任等方面予以相应的体现。对于教学、科研的奖励，也突出师德师风方面的内容，如在教学优秀奖、教学成果奖、科研成果奖等奖项的评选过程中，在教学、科研成果水平大体相当的情况下，应充分重视师德因素。在制定学校人事制度和教职工利益分配的各项政策时，切实体现师德师风建设的目标要求，提倡和鼓励自觉遵守职业道德、无私奉献、爱岗敬业的行为，将思想引导与利益调节、精神鼓励与物质激励相结合，推动师德师风建设不断向前发展。同时，高校还可以通过评选形式激励全体教师自觉自愿地参与师德师风建设活动，从而提高他们的工作积极性，激发他们的工作热情。

第五节　高校教师队伍建设方式

一、高校教师队伍建设策略

（一）优化教师队伍结构

要坚持以提高教师队伍规模效益和有利于教师队伍可持续发展为原则，把握高校教师队伍结构的基本要素，促进显结构要素达标，提升潜结构要素品质。在年龄结构方面，要形成老中青教师相结合的年龄梯队；在学历结构方面，要加大高学历教师的比例，消除或逐步消除本科教本科、专科教专科的现象；在职务结构方面，要根据不同学科专业和教学任务的需要，确定各级教师的职务比例，适当加大高级职务比例；在专业结构和教师来源方面，要根据各校实际情况统筹规划、合理布局、适应需要、优势互补。

（二）完善培训进修机制

把教师的资格培训与岗位培训、业务培训与思想素质培训结合起来，为岗位和资格培训服务。也就是说，按照教师的职务岗位及其职责规范要求，具体制订有关教师的培训内容和计划，采取不同形式，以不同方法、不同要求，对各级职务岗位的教师进行培训，使他们具有胜任各自岗位工作的资格；并将教师培训与教师的岗位需要和教师的岗位资格要求相结合。这种针对岗位需要和岗位资格要求的培训方式，既有利于提高教师的个体素质，又有利于提高教师队伍的整体素质。

（三）加强师德师风建设

提高教师的思想认识水平，关键是树立正确的世界观、人生观、价值观。要特别强调教师的自强、自信、自爱、自立意识。要求学生做到的，自己首先要做到，在行动上为学生作出表率。高校教师是知识水平较高的群体，他们的培养对象是未来社会建设的中坚力量。这就要求教师不但要有大量的知识储备，还要有很高的道德标准。因此，高校教师必须坚持学习和培训，学习业务技能、教育理论、专业知识，提高道德素养，实现教师培训的制度化、规范化。提高自身的学习能力，由阶段性学习向终身学习转变。只有教师的水平和能力提高了，才能培养出优秀的学生。

作为高校的管理者应做好服务工作。在工资、岗位津贴、住房、子女入学、家属工作等方面做好保障，提高教师的生活待遇，使他们的付出与所得相平衡，解决教师的后顾之忧。在教学、科研上采取激励竞争方法，将物质奖励和精神鼓舞相结合，发现和肯定在师德师风建设中表现突出的教师，给予奖励和职务职称上的晋升，充分调动青年教师的积极性。要建立一个科学、完备的教师考核、监督管理体系，从职称聘任、津贴评定、科研立项、教学评奖等多方面，评价教师和约束教师的师德师风。采用学生评议、教师评议、领导评议相结合，实行奖优罚劣、多劳多得的奖惩制度，以充分调动高校教师教书育人的积极性，发挥优势，取长补短。

（四）提高师资队伍管理水平

高校要以聘任制为核心，建立合理有序的人才流动机制。引入市场机制，公开招聘，机会平等，自由竞争，实行真正意义上的教师聘任制。要实现教师管理工作职能的转变，即要由单纯的管理控制转变为对教师资源的开发、保障和利用。要采取重大措施和特殊政策，培养和造就一批拔尖人才和大师级人才。要在严格定编、定岗、定职责的基础上，强化岗位聘任和聘后考核，引进市场竞争机制，公开选拔，择优聘任。要建立一个相对稳定的骨干层与出入有序的流动层相结合的教师队伍模式和教师资源开发的有效机制。

高校人事分配制度改革要从注重提高个人待遇向更加重视支持人才成长和发展转变，鼓励优秀人才脱颖而出。收入分配要"注重效率、兼顾公平"，重实绩、重贡献，向关键岗位和优秀人才倾斜，同时对从事基础研究、高新技术研究、重要公益性研究等方面的教师给予重点扶持，建立以业绩定岗位、以岗位定报酬、岗位津贴和优劳优酬相结合的分配机制，激励创新；建立创新成果奖励制度，对教师取得的创新成果及时进行评价，并给予相应的精神和物质奖励；建立创新奖励基金，支持在教育思想、内容、方法、制度等方面的创新研究和实践。再者，高校教师队伍建设和发展，需要良好的外部环境和内部环境。在健全管理制度、改进运行机制的基础上，要进一步改善高校教师的工资待遇，解决高校教师的住房问题。同时，必须改革分配制度，实行工资与职级的差别管理。

二、高校教师队伍的发展

在通常情况下，一定的学历反映了一个人所受教育的程度，因而也在一定程度上反映了一定的知识和能力水平。教师的学历越高，所具有的理论知识的起点越高，则适应能力和发展潜力就越大。很多国家都十分重视高校教师的高学历化，并通过提高高校教师的聘用标准来实现高校教师的高学历化。

高校应采用多样化的方式促进人才合理流动，形成来源渠道多元的学缘结构，全面实现高校教师队伍的优化，使之发挥整体系统功能。高校管理者必须确立现代人力资源开发和发展新理念，进行学校人力资源供求预测，从本校实际出发，制定学校人力资源规划，最大限度地开发和利用学校内现有的人员潜力，使学校、学生、教师都得到发展。依据高校人力资源目标，进行人力资源合理有效的配置，促进多种形式的人才合理流动。采取切实有效的措施，组建一支现代化的高校教师队伍，公开招聘，择优引进一批高水平、高层次的优秀人才；制定优惠政策，吸引学有专长的优秀留学人员、优秀人才和理论素养较高、实践经验丰富的人才到高校任教；聘请社会知名人士、学术权威、科研人员、著名学者、专家担任高校兼职教师，进行科研合作。同时，重视开发高校名师资源，充分发挥其辐射作用。此外，也可以通过校际合作，互聘教师，实现高校教师资源共享。

第四章 高校信息化教学资源库建设

信息时代的到来，大量信息技术的不断推出，信息化教学资源的出现，为教师的教育和学生的学习提供了一个广阔的空间。实践证明，传统教学方法与信息化教学资源的有效融合，不仅极大地提高了课堂教学效率，有效地激发了学生的学习兴趣和认知主体的能力，唤起了学生学习的积极性和主动性，而且在学习过程中更有助于学生形成新思想、新观念、新方法，增强了学生的创新意识，培养了学生的观察能力、思维能力和创新能力，较好地提高了教学质量。在信息化教育中进行科学而又富有创造性的教学资源的建设已成为高校教育发展不可缺少的重要内容。

第一节 高校信息化教学资源的主要内容

一、信息化教学资源的概念

随着高等教育事业的发展，教学资源建设已成为学习与教学活动中必不可少的组成部分，成为各个学校教学工作的重点之一，日益受到教师们的关注。广义的教学资源是指在教与学的活动中进行服务的各种人和物，它既包括非生命的实物和信息，也包括具有能动性的有生命的人力资源，如教师的言语、动作表情等。狭义的教学资源是指在教与学的过程中所使用的各种硬件媒体以及承载信息的各种软件媒体，如图书、投影仪、视频展台、光碟录像机、教学挂图、教学模型以及音频、视频、动画等。通常认为，信息化教学资源属于信息资源的范畴，是从狭义上理解的一种特殊的教学资源，是一种经过合理选取、组织之后形成的有序化并有利于学习者自身发展的有用信息的集合。

这里所讨论的信息化教学资源，主要指蕴涵了大量教育信息，在教与学的过程中通过使用者的使用能创造出一定教育价值，且以数字化形式存在并可在互联网上进行传输的信息资源。

二、信息化教学资源的分类

从信息技术的角度看，我们可以把信息化教学资源分为媒体素材类教学资源、集成型教学资源、网络课程类教学资源三大类。

（一）媒体素材类教学资源

媒体素材类教学资源是教学信息传播的基本单元，可分为文字资源、图形或图像资源、音频资源、动画资源和视频资源五类。

1. 文字资源

文字是进行信息交流的一种重要手段，它是通过一定的符号来表达信息的一种工具，其根本作用在于承载信息与传递信息。在日常生活中，文字随处可见，如报纸、杂志、书刊及网络上的各种文章等。在教与学的过程中，教科书、练习册等主要以文字进行信息传播。而在网络信息传播中使用文字时，不仅有字体、字号大小、颜色的变化，而且还有新的拓展，因此一般用"文本"这个词来代表网络上的"文字"这个词。

2. 图形或图像资源

图形是教与学的过程中比较特殊的一种资源，因其较抽象，所以在传播中承载的信息量较少。图形有数据量小、不易失真的特点。因此，图形在多媒体教学和网络传播中应用较多。从最终的呈现来看，图形与静态图像没有太大区别。

图像也是一种较特殊的教学资源。在信息技术环境下所使用的图像，与报纸、杂志和电视使用的图像相比，有以下特点。

（1）信息量大。信息技术环境下所用的图片色彩丰富、层次感强，可以真实地重现生活环境（如照片），因此其承载的信息量较大。一般情况下，我们都是用数字技术把图片压缩并存储在服务器中。

（2）选择性强。静态图像非常逼真、生动、形象，可以提供较高质量的信息感知。图片多，传递的信息也多，受众在通过图片来获得信息时的选择余地就很大。受众可以根据自己的需要和爱好来挑选图片，将其保存到自己的计算机上，或者将图片打印出来慢慢欣赏。

（3）受众可以对图片进行放大、缩小和编辑。报纸、杂志在刊登图片时，其大小是固定不变的，受众更不能对图片进行编辑。信息技术环境下所使用的图片，受众可以点击将图片放大或缩小，也可以用专门的软件对其进行编辑和修改，如用图像处理软件可将图片处理成油画效果、水彩画效果、浮雕效果等，这是报纸杂志在使用图片时无法做到的。

3. 音频资源

音频即声音，音频属于过程性信息，有利于限定和解释画面。音频在教学中如果应用得当的话，不仅能用于传递教学信息及调动学生积极使用听觉接受知识，还有利于集中学生学习的注意力、陶冶学生的情操、激发学生学习的潜力。

4. 动画资源

动画是通过连续播放一系列画面，给视觉造成连续变化的画面，是对事物运动、变化过程的模拟。它的基本原理与电影、电视一样，都是视觉原理。一般来说，用来传递信息的动画都需要借助专门的工具进行制作。这些动画，按动作的表现形式大致分为接近自然动作的"完善动画"和采用简化、夸张技法的"局限动画"；按空间的视觉效果可分为平面动画和三维动画；按播放效果可以分为顺序动画和交互式动画；

按每秒播放的幅数可分为全动画和半动画。

动画在制作过程中，忽略了事物运动、变化过程中的次要因素，突出强化了其本质要素。因此，动画资源有利于描述事物运动、变化过程。此外，经过创造设计的动画更加生动、有趣，有利于激发学习者的学习兴趣和积极性。

5. 视频资源

同动画媒体相比，视频是对现实世界的真实记录。视频具有表现事物细节的能力，适宜呈现一些学习者感觉较陌生的事物。它的信息量较大，具有更强的感染力。通常情况下，视频采用声像复合格式，即在呈现事物图像的时候，同时伴有解说或背景音乐。当然，视频在呈现丰富色彩的画面的同时，也可能传递大量的无关信息，如果不加鉴别，便会成为学生学习的干扰。

（二）集成型教学资源

集成型教学资源一般根据特定的教学目标和应用目标集合而成，是一种将多媒体素材和资源进行有效组织的"复合型"资源。按照资源的实际应用形态，可以将其分为试题库、试卷、课件与网络课件、案例、文献资料、常见问题解答、资源目录索引等。

（1）试题库。试题库是按照一定的教育测量理论，在计算机系统中实现的某个学科题目标集合，是在数学模型基础上建立起来的教育测量工具。

（2）试卷。试卷是用于进行多种类型测试的典型成套的网络试题。

（3）课件与网络课件。课件与网络课件是对一个或几个知识点进行相对完整教学的用于教育、教学的软件，根据运行平台划分，可分为网络版和单机运行的课件。网络版的课件需要能在标准浏览器中运行，并且能通过网络教学环境被大家共享。单机运行的课件可通过网络下载后在本地计算机上运行。

（4）案例。案例是指由各种媒体元素组合表现的有现实指导意义和教学意义的代表性事件或现象。

（5）文献资料。文献资料是指有关教育方面的政策、法规、条例、规章制度，对重大事件的记录以及重要文章、书籍等。

（6）常见问题解答。常见问题解答是针对某一具体领域最常出现的问题给出全面的解答。

（7）资源目录索引。资源目录索引是列出某一领域中相关的网络资源地址链接和非网络资源的索引。

（三）网络课程类教学资源

网络课程指通过网络表现的某门学科的教学内容及实施的教学活动的总和，它包括按一定的教学目标、教学策略组织起来的教学内容和网络教学支撑环境。其中网络教学支撑环境特指支持网络教学的软件工具、教学资源以及在网络教学平台上进行的教学活动。网络课程顺应人们需要终身学习这一趋势，给人们随时获取新知识提供了便利和强有力的支持。

三、信息化教学资源的特点

传统的教学资源易受环境、条件的限制。随着信息技术的发展，现代信息技术环境下的教学资源，弥补了传统教学资源的不足，尤其是在网络技术高度发展的今天，信息化教学资源具有以下七方面特点。

（一）存储与传播的数字化

数字化是计算机数据处理和网络传播的本质特性。当今世界，各行各业的信息处理都趋于数字化，由计算机和计算机网络构成的信息处理系统和信息传输系统已将世界的各个角落连为一个"村落"，在这个"村落"中，人们在信息处理、加工、传输等方面，都是以数字化方式进行的。无论是形式多样的图像，还是悦耳动听的声音，归根到底都是通过数字信号的不同排列组合来表达。这使得信息第一次不仅在内容上，而且在形式上获得了同一性。

（二）教学资源的丰富性

网络空间无限，通过网络可传送多种媒体教学信息，如文字、声音、视频、动画等，这不但打破了传统教育中单一的教学信息传递，而且极大地丰富了教学资源的种类，满足了不同层次学习者对学习的需求。同时，网络在信息传送方面非常迅速、快捷，这使得其能够快而新并且丰富地反映当今科技的教学内容，不拘泥于一地一校一专业的范围，可以通过模拟图书馆或教学资料库的形式，收集大量相关的专业知识资料，反映学科最新的发展动态，提供同一学科不同的教学内容。学习者可以及时获得适合自己的教学资源。

（三）教学资源的开放性

网络的飞速发展，使得硕大的地球变为地球村。因此，我们的教学资源也具有了前所未有的开放性，教学资源的开放性主要表现为教学资源完全打破了传统的或者说物理上的空间概念。

（四）教学资源的可扩展性

传统的教学资源可加工性、处理性较弱，且不易推广应用，如教学挂图、教学模具等，很难进行再加工。信息化时代完全打破了传统教学资源的这种弊端，使得教学资源具有较大的可扩展性，学习者可在现有资源的基础上进行横向扩展和纵向的精加工，以满足不同学习者或同一学习者不同时期的学习需要。

（五）教学资源的再生性

信息时代是一个富有创造性的时代。信息时代的教学资源可以在学习者的积极参与下，通过学习者利用信息技术对知识的整合、再创造来实现教学资源的再加工、再创造，从而丰富教学内容。

（六）教学资源使用的灵活性

计算机网络使学习者在学习时可以自由选择课程、教师、学习进度和学习时间，可以从网上查询自己想学的课程和资料。学习者在网上学习既可以是实时的，即异地教师、学习者在同一时间进行教学活动；也可以是非实时的，即教师预先将教学内容及要求存放在服务器中，学习者根据自己的时间安排，在网上下载进行学习。只要有计算机、互联网的地方，都是学习的场所。同时学习者还可以通过网络向教师提出问题以及和其他学生进行讨论。

（七）师生在学习活动中的交互性

传统教学中，师生虽可进行同步交流活动，但受到时间、地点的限制。信息技术环境下，网络资源一改以往书籍、报刊等印刷品以及广播电视等电子信息的单向传递方式，也不同于电话的必须同步的双向交流方式。学习者利用网络工具进行教与学，打破了时空的界限，学习者可以用同步或不同步的方式进行学习，教师与学生、学生与学生之间可以进行双向和多向信息交流，双方可以采用文字、声音、视频等媒体进行信息的交流。

第二节　高校信息化教学资源的获取与检索

一、信息化教学资源的获取途径

信息化教学资源的获取主要有三个途径：一是将现有的教学资源进行数字化改造；二是师生创作的电子作品；三是由专业人员开发建设的教学资源。

（一）将现有的教学资源进行数字化改造

高校目前已有大量的媒体素材，但不同媒体素材的表现方式不同，特性也不一样，为了能将这些资源存储于教学资源库进行合理的应用，对它们的处理方式也不一样。

如果是传统的文本素材，我们可以通过直接录入、利用光学字符识别技术输入、语音识别、手写识别录入等方式将其转换为数字化素材，然后将其录入教学资源库进行存储。对于数字化文本，我们只需将它进行简单的加工处理，再将其录入教学资源库即可。对于传统的图形或图像类素材，我们可以通过扫描仪、数码照相机等将其转换为数字图像、图形素材，然后借助相关的图形、图像处理软件进行处理，再将其存储于教学资源库中。需要计算机抓图（即截图）的可以通过一些抓图软件进行抓取。

对于模拟音频，我们可以通过播放转录的方式将其数字化，或者通过相关的音频采集设备进行采集转换之后将其数字化，再转存至教学资源库。已有的视频素材，如果是数字化的素材，可将其直接存入教学资源库；如果是非数字化的，可以通过视频采集设备将其转换成数字资源，再存入教学资源库。

（二）师生创作的电子作品

师生创作的电子作品，内容丰富，可以是教学课件、图像、图形、音频、视频等，这些作品如果是非数字化的，则按照前述方法进行转换存储；如果是数字化的，则可将其直接存入教学资源库。

（三）专业人员开发建设的教学资源

由专业人员开发建设的资源是数字化教学资源的主要来源，它的开发和建设步骤如下：第一，搜集各种形式的媒体素材，对素材进行分类与描述；第二，将各种零散的素材集成完整的教学资源单元；第三，对资源内容进行标引；第四，进行质量检查；第五，当资源制作完成后，需要将全部数字化文件归档，存入资源库。

自建资源库中的教育资源主要来源于教育网站、教育光盘、电教资料、教育软件、教师积累资料等。

（1）网上众多的教育网站是自建资源库重要的资料来源，尤其是一些有同步教学资源且资源优质的网站。

（2）各类教育光盘是各出版社的正式电子出版物，如教育论文、多媒体课件等，不但品种较多，而且比较权威。各学科教材附带的教学观摩光盘和教学课件光盘，都是教师和学校难得的资料，高校可以选择一些适合学校实际情况的教育光盘，将其中的资源导入资源库。

（3）每所学校都积累了大量的电教资料，如教学示教录像片、教学录音带和各种扩展学习的音像资料等。平时，由于受学习场地和时间的限制，这些音像资料的利用率是比较低的，现在可以将这些音像资料转制成数字文件加入资源库中，教师通过校园网就可以随时地调用这些教学资料供教学使用，学生也可以在个性化的学习中随时使用这些音像资源。

（4）教育软件主要有补助教学软件和教学管理软件两类，其中的一些资料性软件可以导入教学资源库。

（5）教师积累资料是由学科老师协作开发的教育资源。教学资源库的建设必须由全体教师共同完成。通常学科教师是这类资源建设的主体，他们经过教育技术理论与技术培训，掌握计算机操作技能，再结合丰富的学科教学经验，可以制作出教学所需的各类课件资料等。

二、网络教学资源的检索

互联网上的信息资源广泛地分布在整个网络中，没有统一的组织管理机构，也没有统一的目录，更没有统一的分类标准。下面我们从万维网和非万维网两种类型的信息资源的角度来探讨网络教学资源的检索。

（一）万维网教学资源的检索

万维网教学信息主要以万维网站点上的资源为主，万维网检索工具常被称为搜索引擎。

1. 搜索引擎的概念

互联网的迅速发展，使得网上信息以爆炸式的速度不断丰富和扩展，然而这些信息却散布在无数的服务器上，就像散乱在海滩上的珍珠没有被"串"起来，使人们无法收集。如果想将所有计算机上的信息进行一番详尽地考察，无异于痴人说梦。所以我们面临的一个突出问题是如何在上百万个网站中快速有效地找到想要得到的信息。

搜索引擎正是为解决用户的查询问题而出现的。如果说互联网上的信息浩如烟海，那么搜索引擎就是海洋中的导航灯。只有通过搜索引擎查询，用户才会知道信息所处的地点，才能去该网站获得详细资料。

2. 搜索引擎的作用及工作过程

搜索引擎是互联网上的一个系统，它的主要作用是在互联网上搜索服务器信息并将其自动索引，把索引内容存储于可供查询的大型数据库中。当用户输入关键字查询时，该网站会告诉用户包含该关键字信息的所有网址，并提供通向该网站的链接。

各种搜索引擎的工作过程基本一致，主要包括以下三个方面：

（1）"网页搜索程序"负责在网上搜寻所有信息，并将它们带回搜索引擎，每个搜索引擎都使用网页搜索软件在各网址中爬行，访问网络中公开区域的每一个站点并记录其网址，从而创建出一个详尽的网络目录。各搜索引擎工作的最初步骤大致如此。

（2）将信息进行分类整理，建立搜索引擎数据库。在进行信息分类整理阶段，不同的系统会在搜索结果的数量和质量上有明显的不同。有的系统是把"网页搜索软件"发往每一个站点，记录下每一页的所有文本内容；有的系统则首先分析数据库中的地址，以判定哪些站点最受欢迎，然后再用软件记录这些站点的信息。记录的信息包括从超文本标记语言标题到整个站点所有文本内容以及经过算法处理后的摘要。当然，最重要的是数据库的内容必须经常更新和重建，以保持与信息世界的同步发展。

（3）通过服务器软件，为用户提供浏览器界面下的信息查询。每个搜索引擎都提供了一个良好的界面，并具有帮助功能。用户只要把想要查找的关键字或短语输入查询栏中，搜索引擎就会根据用户输入的提问，在索引中查找相应的词语，并进行必要的逻辑运算，最后给出查询的命中结果。用户只需点击前往搜索引擎提供的链接，马上就可以访问到相关信息。有些搜索引擎对搜索的范围进行了分类，查找可以在用户指定的类别中进行，这样可以提高查询效率，搜索结果的命中率较高，从而节省了时间。

3. 搜索引擎的特点

目前各种各样的搜索引擎有十几种或更多，每个搜索引擎都有其各自的特点，有的以查询速度快见长，有的以数据库容量大占优。一个优秀的搜索引擎应具有以下几个特点。

（1）支持全文检索

全文搜索引擎的优点是查询全面而充分，用户能够对各网站的每篇文章中的每个词进行搜索。当全文搜索引擎遇到一个网站时，会将该网站上所有的文章（网页）全部获取下来，并收入到引擎的数据库中。只要用户输入查询的"关键字"在引擎库的某篇文章中出现过，这篇文章就会作为匹配结果返回给用户。从这点上看，全文搜索真正提供了用户对互联网上所有信息资源进行检索的手段，给用户以最全面最广泛的搜索结果。

（2）支持目录式分类结构

分类搜索引擎的优点是将信息系统地分门归类，当遇到一个网站时，它并不像全文搜索引擎那样，将网站上的所有文章和信息都收录进去，而是首先将该网站划分到某个分类下，再记录一些摘要信息，对该网站进行概述性的简要介绍。

（3）区分搜索结果的相关度

搜索引擎应该能够找到与搜索要求相对应的站点，并按其相关程度将搜索结果排序。这里的相关程度是指搜索关键字在文档中出现的频度，当频度越高时，则认为该文档的相关程度越高。但目前的搜索引擎还不完全智能，除非我们知道要查找的文档标题，否则排列第一的结果未必是"最好"的。所以有些文档尽管相关程度高，但并不一定是用户最需要的文档。

（4）检索方法多样

优秀的搜索引擎不仅能检索互联网上的文献，还能查找公司和个人的信息；不仅能检索网页，还提供对新闻组内文章的查找服务；不仅能输入单词、词组或句子进行检索，还能指定多个单词之间的逻辑组配及其位置关系；不仅能以词语查询有关主题的页面信息，也能以特定的域名、主机名、统一资源定位符等查找有关信息。此外，还可以对被检索文献发表的语种、日期等进行限制。

（5）综合性能强大

一个优秀的搜索引擎还必须查询速度快，具有较好的可维护、可更新性能。系统必须稳定可靠，具有完整的容错、备份、崩溃修复机制，系统即使出错，也可以得到迅速的恢复。

（二）非万维网教学资源的检索

非万维网教学资源包括文件传输协议资源、新闻组、电子邮件群、用户邮件组、远程终端协议资源、广域信息服务器资源等。

1. 查询文件传输协议资源

互联网使用的文件传输协议，主要用于传送程序软件和多媒体信息，它采用万维网作为用户界面，以大容量和高速度为特点，是获取免费软件和共享软件资源必不可少的工具。文件传输协议有两种不同的工作方式，一种是在互联网任意两个账户之间传送文件，这要求知道两个账户的口令；另一种是匿名文件传输协议，匿名文件传输协议网点允许任何人连入此系统并下载文件，在匿名文件传输协议中包含了庞大的有用信息，从中可以找到研究论文、免费软件、会议记录及其他信息。

2. 查询新闻组资源

新闻组由成千上万个兴趣小组组成，每个兴趣小组每天来往信息的总量可多达上百条至上千条，如此多的信息汇集在一起，构成一个巨大的信息库。因此，相当一部分综合型检索工具都把新闻组信息纳入了自己的收录范围，人们在使用时只需在预先设置好的检索范围内加以选择即可。

3. 查询邮件群资源

虽然邮件群和邮件列表的规模都不如新闻组大，但它们日积月累的信息也非常可观，具有很大的参考价值。

4. 查询远程终端协议资源

远程终端协议资源指借助远程登录，在网络通信协议的支持下，登录远程计算机，访问、共享远程系统中对外开放的资源。远程终端协议系统虽然已呈逐步被万维网系统所取代的趋势，但作为网络信息资源一个历史悠久的部分，仍具有了解和使用的意义，特别是在许多公共性质的信息检索系统中，如图书馆系统等。

5. 查询广域信息服务器资源

广域信息服务器是一个分布式信息检索系统，可检索500多个索引数据库，涉及的内容范围极大，适合检索文本文件、阅读世界各地的报纸、扫描各种专业数据库。

（三）网络信息检索策略

信息检索策略是为实现检索目标所制定的对检索全过程具有指导作用的整体计划、方案和安排，包括提问式分析、检索词及其关系的确定、检索步骤安排等。检索策略对整个检索过程会产生重要影响，并直接决定检索效率和检索质量。无论是普通用户还是专业用户，掌握并运用网络信息检索策略，将花费最少的时间、精力、金钱，获取最有用的信息。网络信息检索策略的制定方法如下。

1. 确定检索目标

网络信息的查询应该具有明确的查询目标和对象，目标不同、查询对象不同，往往需要选择不同的检索工具和检索方法。只有认真地分析并了解检索对象、明确检索目标，才能更好地确定所需信息的类型、学科范围、内容特征、查询方式、查询时间及采用何种限制条件、使用何种检索方式等。

2. 选择检索途径

通过对检索对象的分析可以获得明确的检索目标，就可以选择以下一种或综合使用几种检索途径来获取所需信息。

（1）直接访问相关站点。在平时上网的过程中注意收藏一些专业性网站的网址，在需要时直接进入网站查询。

（2）使用网络资源指南。网络资源指南是基于专业人员对网络信息资源的产生、传递与利用机制的了解，对网络信息资源分布状况的熟悉以及对各种网络信息资源的采集、组织、评价、过滤、控制和检索等手段的全面把握，而开发出的可供浏览和检索的网络资源主题指南。

（3）使用搜索引擎。使用搜索引擎是较为常规、普遍的网络信息检索方法。根据用户提供的关键词、词组或自然语言检索，按用户提出的检索要求，搜索引擎代替用户在数据库中进行检索，并将检索结果提供给用户。使用搜索引擎检索的优点是省时省力、简单方便、检索速度快、范围广、能及时获取新增信息。

（4）使用非万维网检索工具。对同一查询目标，可以尽量选择多种检索工具从不同的角度去检索。

3. 运用检索技巧

无论使用搜索引擎还是非万维网检索工具进行信息检索，运用一定的检索技巧是非常必要的。常用的检索技巧有以下三种。

（1）选择合适的检索词，这样有利于提高检索的精确度、准确性，如选专指词、特定概念或非常用词等。

（2）构造恰当的检索提问方式，如使用布尔逻辑运算或使用双引号将需要检索的词组或短语标出。

（3）使用加权检索限制必须出现的检索词和必须不出现的检索词；利用同义词、近义词进行扩检；就同一检索提问式访问多个数据库。

第三节 高校信息化教学资源库建设的原则

一、信息化教学资源库概述

教学资源库概念的提出距今有十多年了。近几年，一些开发者又提出将计算机智能、数据挖掘等信息技术手段融入资源库的开发中，创建出具有知识管理功能的教学资源库。

目前，教学资源库开发的重点从最初的内容开发转移到了资源平台开发，以资源管理平台和资源应用平台两方面内容为主。在技术标准上也开始逐步与国家资源建设标准接轨，采用与国家资源技术标准统一的数据结构，同时也使用一些先进的开发技术，增强了新产品的兼容性和先进性。

信息化教学资源库的建设有四个层次的含义：第一层是素材类教学资源建设，主要包括媒体素材、试题、试卷、文献资料、网络课件、案例、常见问题解答和资源目录索引；第二层是网络课程建设；第三层是资源建设的评价；第四层是教育资源管理系统的开发。在这四个层次中，网络课程和素材类教学资源建设是基础和核心，第三层是对教学资源的评价和筛选，第四层是工具的建设。

纵观教学资源库的发展历程，我们可以看出，教学资源库的发展具有以下特点。

（一）资源库建设以服务为中心

教学资源库建设的最终目标是服务于教学，树立以服务为中心的开发理念，将是教学资源库的一大特征。资源库开发作为开展网络教育的基础，应不断加强这种意识。

（二）资源库建设趋于智能化

分散零乱的资源给人们带来的是诸多不便，不仅对使用者造成不便，同样给管理者也带来不便。目前，人们对资源库的依赖程度还不太高，但随着对资源库的认识不断深化，人们对资源库的依赖程度不断增强，势必对资源库的开发提出更高的要求。只有把一些智能化的技术融入资源库开发中，才能满足用户不断增长的需求。智能化的教学资源库将为人们提供更加高效、方便、个性化的服务。

（三）资源库建设更加系统化

现有的教学资源库建设规范与标准的推广、试用将极大地促进资源库开发的系统化、规范化和科学化。按照相同的标准开发建设的资源库系统遵照相同的定义和准则，能够方便地实现数据资源交换与共享，有效地解决资源库扩展问题。

（四）资源库建设趋于协作式开发

与用户需求脱节是现有资源库存在的一个普遍问题。为使所开发的教学资源库得到更广泛用户的接受，与用户协同开发无疑是一种非常有效的解决方式。通过网上交流平台，开发者可以适时了解用户的需求，而一些具有丰富教学经验的教师用户也可以通过资源发布平台将自己的资源发布到网上，这对教学资源库的内容将是很好的扩充。

（五）资源库建设更加普及化

信息时代，各级各类学校的教学方式和学习方式发生了很大的变化。特别是数字化教学资源已得到了越来越多的应用。开发更多的教学资源库将是未来教学和学习所必需的。因此，教学资源库开发的普及化将是大势所趋。与此同时，应将信息技术教育融入资源库应用中，以提高用户的信息技术能力，使教师能顺利使用各种技术工具对一些有用、好用的教学素材进行创造性、个性化和智能化的组合，设计出大量富有创意的多媒体教学资源。

二、信息化教学资源库建设的意义

信息化教学资源库建设是一件功在当代、利在千秋的好事。正确认识信息化教学资源库建设的意义将有助于信息化教学资源库的开发建设。信息化教学资源库建设的意义体现在以下几个方面。

（一）教育信息化的重要组成部分

教育信息化是指在教育过程中，较全面地应用以计算机多媒体和网络通信为基础的现代化信息技术，促进教育的全面改革，使之适应信息化社会对教育发展的新要求。教育信息化建设是一个关系到整个教育改革和教育现代化的系统工程，它包括信息化的基础设施及硬件环境建设，教育、教学资源库建设，信息化人才培养和培训以及信息化政策、法规和标准制定。其中，教学资源库建设是教育信息化的基础，教学资源库的建设质量在很大程度上决定了信息技术与各学科教学相整合的水平，即教育信息化的水平。

（二）促进教育观念的更新

信息化教学资源库建设能为学生提供网状的信息环境和丰富生动的多媒体世界，打破了学生传统思维的线性逻辑，更新了非线性思维观。信息化教学资源的网络化提供了多样化学习和跨学科、跨文化的交流，促进了开放式学习观的形成。丰富的教学资源使学生接受知识的范围大大拓宽，改变了人们接受教育的形式，促进了自我教育观的形成。信息化教学资源网络可以成为人们终身学习的课堂，促进终身教育的发展。

（三）促进高校教学模式的重塑

教学模式是指在一定的教育思想和理论指导下，在某种环境中展开的教学活动进程的稳定结构形式。信息化教学资源库的发展使适用于网络环境的教学模式不断应用于教与学，如网络化协作学习模式、探索式学习模式等。高校应用信息化教学资源重新设计教学过程，能为真正实现"教为主导，学为主体"的教学过程创造客观条件。

三、信息化教学资源库建设的原则

高校信息化教学资源库建设必须符合基础教育改革与发展的总体规划，必须服务于素质教育的整体目标，必须全面支持信息技术与课程整合。为实现这样的目标，教学资源库的建设必须要对资源库建设的目标性、科学性、先进性、开放性以及知识服务的完备性、经济性等进行深入考虑。

（一）教学性原则

信息化教学资源库的建设是为教师的教与学习者的学而服务，因此资源库建设首先应考虑的就是其目标性问题，即资源库建设的教学性问题。信息化教学资源库建设的根本目标是推进教育改革，使教育符合现代社会发展的需求，提高教育教学质量。为此，在建设资源库时，要根据教学设计对各种资源进行选择、处理。同时，必须支持创造性教学和探究性学习，建构生动科学、多向互动的教与学环境，把教师从繁重的重复性劳动中解放出来，把学生从灌输式教育和题海中拯救出来，充分激发教师和学生两个主体的创造性。

（二）科学性原则

信息化教学资源库建设必须具有科学性，无论是引导学生学习自然科学和人文科学，还是培养学生自主探究和创新的能力都离不开"科学"两个字。资源库的建设，要在误差允许的范围内准确地表述知识的内容。这是教学资源与一般娱乐性、游戏性资源的重要区别。资源库建设应能正确反映科学知识原理和现代科学技术，并做到"生动活泼、喜闻乐见的形式与科学、健康内容的统一"，克服以往不少教学中仅仅"一张嘴、一支笔"的弊端，摒弃缺乏科学性的资源。

（三）先进性原则

信息化教学资源库建设除了知识的科学性之外，还要考虑教学逻辑模型是否符合教学规律、是否符合学生的认识规律，即先进性的问题。例如是否能体现教师为主导、学生为主体的"双主模式"，是否能培养学生自己通过观察获得信息和通过自己思考加工信息、建立概念和发现规律的能力。先进的资源库可以发挥计算机的信息处理与图像输出功能，以生动的动态形象信息来揭示复杂的过程，这就在感觉与思维之间架起了桥梁，激发学生的学习兴趣，提高学习的主动性、积极性。用科学动态模拟技术和智能化技术，才能使资源库保证知识的科学性和教育理念的先进性，并保证资源库的标准化。

（四）开放性原则

信息化教学资源库建设目标在于服务于教师的教和学习者的学，因此要确保资源库在任何时候、任何地方，任何师生都可以将自己的电子作品纳入其中。

（五） 知识服务完备性原则

资源库建设要提供全面的知识服务。优秀的资源库不但向教师提供一般的信息服务，还要向教师和学生提供更高层次的信息服务，也就是知识服务。资源库提供给教师的不应该只是收集到的信息和将收集到的信息进行简单组合的服务，更应该是根据学科教育目标，按照教学设计、教育改革需求对信息进行"整合"。

（六） 经济性原则

教学资源库的建设是一项非常耗时耗力的工作，需要投入大量的人力、物力和财力，它既有前期的整理、开发等工作，还有后期的维护、更新和管理等工作。教学资源库开发时要进行精心的需求调查、设计，优化开发设计人员结构、资源组织管理结构等，高校要尽量以最少的投入开发出高质量、高性能的信息化教学资源库。

四、信息化教学资源库建设的保证

信息化教学资源库建设还是一项复杂细致的工作，要想开发出科学合理的教学资源库以满足教育教学的需求，需要做到以下几个方面。

（一） 成立专门的管理团队

信息化教学资源库的建设和管理必须有专门的管理团队。在教学资源库的建设过程中，存在着许多问题，如各个部门的联系、各种资源的搜集、界面的设计、程序的设计、资源的整体把关、资料的电化转换等，这些问题的解决都需要一个集分工、合作、开发、管理于一体的组织。科学合理地组建管理团队，是信息化教学资源库顺利开发的关键。

（二） 选择良好的资源开发模式

信息化教学资源库为教学服务提供了一个良好的访问平台。资源的开发有多种形式，可以用客户浏览器模式开发，也可以用客户服务器模式开发。客户浏览器模式只需要用户知道资源服务器的地址，就可以如正常上网一样浏览共享资源；而客户服务器模式需要分别编写客户端和服务器端，同时还要求用户会安装客户端程序，给用户的使用带来不便。本着一切为用户着想的理念，我们建议开发者尽量以客户浏览器方式进行开发，为用户提供更大的方便。

（三） 建立功能完备的资源系统

如今大多数高校基本都拥有了自己的校园网，校园网对教学的最大好处就是快捷、方便、迅速。充分发挥校园网的功能和优势，是教学资源库建设应考虑的要素之一。我们倡议建立一个高效的功能完备的资源系统，特别是建立起一个以校园网网站搜索为主的收集参考资料的查询系统，提高信息的收集加工能力，有效地整合互联网资源，建设快速高效的专题资料库。

（四）组建优秀的开发小组

教学资源库系统的开发不能由一个人来完成，需要组建一个合理且优秀的开发小组。这个开发小组应包含一线的各学科教学骨干、程序开发人员、美术设计人员等多方面的人才，以便共同研究、共同探讨。例如要求各科目老师按照科目将自己开发的课件存储于网络服务器中的对应位置，一定时间后再组织专家进行筛选、评定或整合，保留优秀课件。

（五）提高教师的信息技术水平

提高教师信息化意识和提升教师信息化素养是信息化教学的关键，同时也是教学资源库开发、应用的根本。因此，要完善教师培养体系、提升教师的信息技术水平、提高教师的信息化素养，帮助教师认识到网络信息资源的特点和组织方式，和以网络实现教学资源共享的途径和方法等，让他们积极地参与到这一过程中来。

五、信息化教学资源库建设应注意的问题

为了确保信息化教学资源库的顺利建成并使用，我们特别强调，在具体的建设过程中应注意以下问题。

第一，明确指导思想。信息化教学资源库是本着为教学服务的思想开发建设的，而教学中对教学资源的使用效果主要体现在学生身上，这就要求我们在教学资源库建设时以认知学习理论为指导，特别是建构主义理论。建构主义理论认为，学习是在教师的指导下、在特定的情境中通过学习者与教师以及与其他学习者之间的主动协作交流进行知识意义的构建。它既强调了学生的学习主体作用，又重视了教师的指导主体作用。以建构主义理论为指导思想，既可以在教学中体现师生的双主体双向活动，有利于学习者学习效果的提高，同时又有利于学习者课后进行自学或协作式学习。

第二，倡导"利用现有、校本研发、企业合作、个人参与"的开发理念。教学资源库的建设是一个动态的不断完善的过程，不可能一蹴而就。因此，我们建议各级各类学校在进行教学资源库建设时要注意四个方面：（1）积极利用已有的教学资源。随着教育技术的发展，目前已有大批丰富的音频、视频、图像等教学资源，我们要充分利用这些已有的资源来开发新的教学资源。（2）联合企业进行研发。随着知识经济时代的来临，许多高科技企业已经加入信息化资源库的开发和建设中。他们拥有雄厚的资金，同时还拥有大量的高水平科技人才，借助他们的优势可以开发出高质量、高水平的信息化教学资源，满足信息社会日益增长的学习需求。（3）积极进行校本资源研发。对于校本资源的开发，可以组织专门的开发团队进行研发，也可以申报国教育部门资助的课题进行开发，充分发挥各自的领域优势，进行科学、合理的开发和建设。（4）鼓励教师按知识点开发。信息化教育的一个显著特点，就是最大限度地调动每一

位学习者的潜能。然而学习者认知能力有差别，再好的课件也难以满足每一位学习者的需求，因此有条件的学校应鼓励广大教师利用信息化工具，按学习者的知识点开发教学资源，使每一位学习者都得到全面提升。

第三，使用一些通用的标准对教学资源进行规范管理。教学资源库的建设应在合理的计划下进行，并遵循一定的建设规范。各级各类学校在建设本校教学资源库时，可以遵照国家制定的教学资源库规范进行开发建设，也可以在此基础上制定符合自己本校的教学资源库规范，形成自己本校的特色、凸显资源的易用性、彰显资源的合理性。

第四，保持教学特性。信息化教学资源库服务于教学，因此要保证教学性。一是注重人的主体性。要想将教学资源合理应用于课堂，就要充分体现尊重人、以人为主体的教育思想，发挥师生的主体作用，切实将教学设计和学习理论运用于教学实际，真正做到以不变（教学资源）应万变（教学实际）。这样才能使计算机成为课堂教学的有力工具，成为教师和学生个性与创造性充分发挥的技术保障。二是注重资源的通用性和灵活性。教学资源与教材版本无关，因为它以知识点为分类线索，无论教材课程体系如何变化，教材版本如何变化，教学资源都可被师生应用于当前教学活动中。三是注重资源的基元性与可积性。教学资源素材越是基本的，附加的边界约束条件越少，其重组的可能性就越大。四是注重资源的开放性和自繁殖性。教学资源以基元方式入库供教师重组使用，因而在任何时候、任何地方，任何教师（或学生）都可以将最新的信息和自己的作品添加入库，只要确立了教学资源的信息标准和入库规范，教学资源在教学活动中就自然具有开放性和自繁殖性。五是注重资源的实用性和易用性。教学素材和解决重点难点问题的微课件库与教学思想基本无关，每个教师都可以使用。一般教师只需掌握简单的组合平台软件，就能够将教学资源以插件的形式插入到课件当中，未来的组合平台软件会让教师在使用积件时像搭积木那样方便。

第五，保护知识产权。知识产权，指权利人对其所创作的智力劳动成果所享有的占有、使用、处分和收益的权利。各种智力创造如发明、文学和艺术作品，以及在商业中使用的标志、名称、图像以及外观设计，都可被认为是某一个人或组织所拥有的知识产权。教学资源库建设中所涉及的各种图像、声音、视频等资源都应有相应的版权保护。高校要提高自己的知识产权保护意识，注重在资源的开发和使用过程中，保护自己的正当权益，使所开发的资源得到合理合法的使用。

第五章　高校教学与新媒体技术的融合

第一节　新媒体在高校教学中的应用

媒体是指承载、加工和传递信息的介质或工具。当某一媒体服务于教学目标并作为承载教育信息的工具时，则被称为教学媒体。近年来，计算机多媒体和计算机网络具有人机交互功能，集声像、语言、图片和色彩多方位刺激的教学手段于一体，带来了整个教学过程的巨大变化。这些新型媒体因信息丰富和传递便捷、交互性强的特点，大大改变了传统的高校教学模式和学习方式。

一、新媒体的界定及其特点

（一）新媒体的界定

对于新媒体的界定，现在尚无定论，普遍的定义为"所有人对所有人的传播"。一种观点认为，"新媒体构成的基本要素有别于传统媒体，否则，最多也就是在原来的基础上的变形或改进提高"。笔者认为，新媒体是相对于传统媒体而言，是报刊、广播、电视等传统媒体以后发展起来的新的媒体形态，是利用数字技术、网络技术、移动技术，通过互联网、无线通信网、有线网络等渠道及电脑、手机、数字电视机等终端，向用户提供信息和娱乐的传播形态和媒体形态。新媒体的特征包括交互性与即时性、海量性与共享性、多媒体与超文本、个性化与社群化。

（二）新媒体传播的特点

与传统媒体相比，新媒体的传播有很多新的特点，具体如下。

（1）新媒体传播是一种多媒体的全传播，基于网络的新媒体运用文字、图片、声音、图像等手段，全方位、多角度地为受众呈现事物的原貌。

（2）新媒体传播走向了分众传播，实现"个性化"和"一对一"的传播，根据特定媒体受众群需求而制订传播策略及传播方式。

（3）新媒体传播是一种渗透式传播，其突破了时空界限，受众通过手机、网络、数字电视等无处不在的新媒体，可随时主动或被动地参与到传播过程中。

（4）新媒体传播具有高科技的特性，无论是网络还是手机和数字电视，新媒体的传播都离不开技术的支持，这样的特性也决定了受众必须具有相应的新媒体工具使用能力。

（5）新媒体传播具有很高的交互性，其反馈迅速、及时，受众的观点可多元化呈现。

二、新媒体在教学中的应用

（一）打造多媒体学习空间

使用交互智能平板（触摸一体机），教师可以直接操控以使学生聚焦于教学内容展示，改变传统多媒体教室单向传播的缺陷。交互式媒体的使用可以加强课堂互动，优化课堂结构，便于灵活实施教学过程。其在教学中的主要应用优势如下。

1. 编辑功能

高校教师可以直接在上面标注或书写文字，能随时灵活地引入多种类型的数字化信息资源，并可对多媒体素材进行灵活的编辑、展示和控制。

2. 绘图功能

交互式媒体拥有丰富的各学科工具、元件、仪器图等，便于实验设计和学生参与到学习过程中。比如，在实物连线实验教学环节中，教师要画出电路实验需要的仪器的时候，操作简单，学生都很有兴趣参与。

3. 存储与回放功能

写在交互式媒体中的任何文字、画的任何图形或插入的任何内容都可以被保存，可供以后教学使用，或与其他教师共享；也可以打印出来分发给学生，供课后温习或作为复习资料。这样不仅提高了课堂效率，还能帮助学生在课后实现知识的巩固。

（二）创设网络学习环境

（1）利用精品课程模块，共享精品课程视频资源及课程材料。精品课程模块中应包含精品课程展示、精品课程研究、精品课程通知和视频公开课等内容。校内各类精品课程的教学材料和相关内容都可以通过平台进行共享，师生可以通过校园网或互联网等途径不受时空限制随时获取大量的教学资源。

（2）重点打造教学资源库，为学生创设开放的网络学习环境。教学资源库，顾名思义，是储存教学资源的地方，其中包括各种可用于教学的素材，如文本、多媒体视频、图片、动画等。高校的网络教学综合平台的教学资源库要按照院系、专业、学科分门别类进行储存，要导航清晰、使用方便。任课教师可以上传或更新教学资料，如教学讲义、课件等有关教学方面的资源。教师可以要求学生通过网络教学综合平台辅助学习课程内容，进行答疑讨论和经验交流，并按时提交作业等。教师可以根据课程或实际的变化，不断地整理、制作和借用教学资源填补其中，保证资源的时效性、精确性；学生也可以上传分享自己独有的资源，以资源的质量和下载的次数排序。各学科之间交互的部分，由交互的老师共同制作素材，使教学素材的内容更加丰富和有连贯性。比较大或者需要素材多的院系可以建设子资源库，单独存储本院系的素材。资源上传时可以设置资源公开程度，并且需要通过平台管理员的审核，确保资源的质量。

（三） 不断完善新媒体环境

随着新媒体在高校教学应用中的普及与推广，教学过程中教师与学生之间的关系、学生与学生之间的关系、教师与教师之间的关系都发生了明显的变化，高校的教学方式也随之发生了巨大的变化。但对于很多高校而言，不管是教师还是学生，面对新媒体带来的这种变化，显然还没有做好充分的准备。要使师生更加适应新媒体的教学应用，不断完善新媒体环境，提高教学效率，优化教学效果，应继续转变观念、加强改革。

（1） 教师要转变观念，提高对交互式媒体及网络媒体的应用能力。教师上课之前要熟悉新媒体各种功能的操作，注重其交互性，这样在教学活动设计时才能有意识地将交互功能融入自己的教学设计理念中。

（2） 全面开展网络辅助教学，推动教学手段的改革；加强建设网络课程，实现教学资源数字化和教学互动网络化；继续广泛开展教育教学资源库建设，将院系专业、教学团队、精品课程和教学资源建设的成果结合起来，全面动态地反映教学成果，扩大影响。

（3） 开展新媒体专题培训，开展新媒体环境的教学交流，加大新媒体教学场所的开放力度。

（4） 积极丰富网络教学资源库的素材，引导师生自主获得所需资源，利用网络教学资源库有效管理、聚合并共享学校自建资源和成果，将现有的课件、音视频文件、立项建设的成果等优势课程资源上传到网络教学资源库；利用培训等方式宣传、展示网络教学资源；介绍查看、查询、下载资源的方法，并引导教师使用网络教学资源库辅助备课；吸引学生浏览资源，开阔视野，从而提高资源利用率。

第二节　高校新媒体教学环境构建与管理

随着现代科技在教育领域的应用，高校多媒体教学环境——多媒体教室的建设正在飞速发展。多媒体教室的建立不仅提高了教学效果和教学质量，同时为传统教学模式提供了新的平台。如何充分、合理、安全、科学地构建、管理多媒体教室，满足多媒体教学需求，保障多媒体教学的正常进行是当前高校教学管理部门亟待研究和解决的问题。

一、多媒体教室构建的原则

（1） 实用性。实用有效是多媒体教室主要的构建目标，只有操作简单、切换自如、效果良好，才能最大限度地发挥教育水平。

（2） 可靠性。人机安全、设备的长期稳定运行等可靠性应作为系统构建方案的首要设计原则，以保证系统在运行期间为用户执行安全防范和高质量服务管理提供有效的技术支持手段，为用户降低系统运行方面的人工和资金成本。

（3）兼容性。对不同厂家、不同型号的同类设备具备兼容性。

（4）先进性。设备的选型要适应技术发展的方向，特别是中央控制软件要充分体现整个系统的先进性。

（5）扩展性。多媒体教室能否和互联网相连，能否调用教室外教学资源是多媒体教室可扩展性的首要标准。

（6）安全性。考虑到多媒体教室的多用性，即在非教学时间提供学生使用教室时的设备安全性，操作台应根据设备规格定制并兼顾防盗、防火等。

（7）便捷性。改变以往教师上下课开关设备的烦琐问题，采用一键关机或远程控制关机，方便教师操作。

（8）经济性。系统设计和设备选型应注重实用功能，降低总体投资，求得先进性与经济性的完美统一，做到设备性能、价格比的最好综合，从高校教学管理的实际需求出发，摒弃一切高校不需要的华而不实的东西。

二、多媒体教室的构建类型

多媒体教室的构建应根据构建原则，科学、合理地选择设备。高校要设计多媒体操作台，根据学科需要及拟建多媒体教室的位置、形状、大小、座位数量，相对集中地构建多媒体教室。根据管理方式，多媒体教室可分为单机型和网络管理型。

（一）单机型多媒体教室的构建

单机型多媒体教室主要适用于对设备要求较简单的部分学科的多媒体教学。其所需设备主要有如下几种。

1. 电子书写屏

电子书写屏的使用省去了显示器，并替代了黑板的传统书写功能。其主要功能为同屏操作、同屏显示、自动排版、文书批改、手写识别、动态标注、后期处理等。电子书写屏的使用可有效避免多媒体教室因粉笔灰尘过多而导致设备出现故障、影响设备的使用，尤其是投影机因灰尘过多而频繁停机及液晶投影机的液晶板因灰尘过多产生物理性损伤，同时也提供给教师洁净的教学环境，有益于教师的身心健康。

2. 中央控制器

要采用具有手动调节延时功能的中央控制器，设定时间控制投影机、功放、投影幕布、计算机等设备的开关，保证投影机散热充分，延长投影机灯泡和液晶板的使用寿命，并防止多个设备同时通电和断电时对设备的损坏。

3. 投影机

根据多媒体教室的大小配置不同亮度和对比度的品牌液晶投影机。一般情况下，亮度和对比度越高，投影机价格越高。因多媒体教室的后期耗材消费主要是投影灯泡，品牌投影机的选用将有效避免投影灯泡购置的困难，保证质量。

4. 扩音系统

扩音系统的配置需根据多媒体教室的大小、形状及教学声音环境要求选择，应选用无线话筒，以方便教师在教学时使用其形体语言。有的学校多媒体教室使用移频增音器，教师在短距离内脱离了话筒的束缚，但过多地衰减了低频和高频，且扩音效果也不尽如人意。

5. 操作台

操作台应根据设备规格科学合理地设计定制，满足使用的方便性并兼顾防盗性。操作台门锁要采用电控锁，通过中央控制器实现一键开机、关机，方便教师的使用。

（二）网络管理型多媒体教室的构建

网络管理型多媒体教室适用于教学活动相对集中的区域，要求根据各学科需要构建功能不同的多媒体教室。该配置与单机型多媒体教室配置的不同在于其采用了网络中央控制系统，操作方面可采用网络远程控制和本地控制，并增加了监控系统，其相关功能如下。

1. 中控系统

网络管理型多媒体教室采用网络中央控制系统，包含教室网络中控和总控软件。该系统具有高集成性，接口丰富，功能强大。内嵌网络接口采用网络协议技术，可通过校园网互联，实现远程集中控制。具备网络、软件、手动面板三种控制方式，具备延时功能，防止通断电时对设备的损坏。

2. 操作台

操作台门锁的开启可通过网络远程控制，也可本地操作，即与中控系统联动的控制锁同时是操作台的门锁。多种设备联动实现系统的一键开机、关机，即一开即用、一关即走，方便使用。

3. 监控系统

监控系统的使用利于管理人员远程掌握教学动态，通过相关控制软件使得教师所用计算机屏幕内容与上课音视频同步录制，通过该系统实现即时点播和转播功能。

4. 对讲系统

对讲系统的使用有利于即时发现、解决问题。目前对讲实现方式有多种，如双工对讲系统、半双工对讲系统、电话方式对讲系统等。

三、多媒体教室的管理

目前高校教学建设不断发展，多媒体教室不断增加，只有不断完善多媒体教室的管理才能保证多媒体教学的正常进行。

（一）管理制度建设

目前，教学水平与课程整合不断深入，教师使用多媒体教室的需求不断增加，教师的教育技术水平参差不齐。结合实际，制订相应管理制度，规范多媒体教学日显重要。需要考虑以下几点：①多媒体教室设备使用须提前预约，统一安排。②教师按操作规范操作平台，不得私自搬动设备和接线，无关人员不得操作多媒体设备。③不得在计算机内设开机密码、修改和删除原有参数和应用软件。④课间休息应关闭投影机电源，以便提高投影机使用效率。⑤课后教师应按操作规范退出系统。⑥课后教师应填写使用登记表。

（二）管理系统建设

管理系统建设分为多媒体教室教学管理系统建设和多媒体教室网络控制管理系统建设。教学管理应由目前普遍使用的人工安排多媒体教室逐步过渡到网上预约，开发适合本校实际的多媒体教学管理系统，采取智能化预约，提高多媒体教学的管理效率。多媒体教室网络控制管理是指通过该系统可在主控室内控制多媒体教室内的相关设备，并能实时与任课教师交流，保障教学正常进行。高校应根据教学实际多方论证，选择适合本校的多媒体教学的系统。多媒体教室网络控制管理系统的实施使反映问题和解决问题变得更加快捷。管理上的方便、直接和高效，解决了多媒体教室数量增加后，管理复杂、人员紧张的难题。

（三）管理人员建设

在加强多媒体教室硬件建设的同时，应注重和加强管理技术队伍的建设。多媒体教室管理技术队伍是多媒体教室建设的骨干力量，对保障多媒体教学正常进行起着重要作用。因高校各学科教师对多媒体技术掌握程度不一，管理人员的任务不仅仅是建设、管理好多媒体教室，同时应根据教师需要担负起多媒体技术培训的任务，更好地为教师服务、为教学服务。

在人员建设方面，应逐步引进高学历、高层次人才充实到管理队伍中来，改善队伍的知识结构；为现有技术人员制订培训计划，定期进修，特别是重视新技术的学习与消化，提高业务水平和实践技能，以适应技术的发展和多媒体教学的需要；重视和发挥管理队伍的作用，用好人才，积极创造条件，调动工作积极性；加强考核，建立考核制度，提高队伍的整体素质，建设一支业务水平高、奉献精神强、富有团结协作精神的管理队伍，使其为学校教学科研工作做出积极贡献。只有不断优化结构，提高素质，建设高水平管理技术队伍，才能充分发挥现代信息技术的作用；同时，通过多媒体教室的构建，在实践中积累经验，完善多媒体教室建设，才能更好地为教学服务。

（四）管理方式建设

多媒体教室使用人员广，操作水平参差不齐，使用频率高。应根据不同配置，采用相应的管理方式，这对优化管理资源极其重要。

1. 自助式管理

自助式管理是指教师掌握多媒体技术及设备操作规范后，对所使用多媒体设备实行自我管理。每学期开学初，对使用多媒体教室的相关教师要根据使用教室的设备差异分开进行技术培训，内容为多媒体教室使用规章制度、操作规范及多媒体基础知识等，并在使用一段时间后，记录相应教师的操作能力，有针对性地再培训。在自助式管理过程中，管理人员应加强对多媒体设备的课后维护，对每次检查结果及时登记备案，发现问题及时解决，保证下次使用时设备能正常运行。自助式管理适合于相对分散、无法或不适合安装管理系统的多媒体教室。

2. 服务式管理

服务式管理是指教师无须对设备开关进行操作，通过网络管理系统远程控制，教师直接使用设备即可。管理人员通过监控系统全程监控设备使用情况，并在上完课后检查设备状况并关闭设备与操作台。服务式管理与自助式管理都应在管理过程中加强设备管理，增加巡查力度，做好记录，及时了解设备使用状况，定时还原计算机系统等。这极大地方便了教师的使用，提高了效率，同时体现了管理为教学服务的思想。多媒体教室的构建与管理是一项系统工程，科学、先进、管理规范是多媒体教学的基本保证，管理人员应在实践中不断摸索，及时沟通，以教学为本，加强管理，最大限度地保障多媒体教学正常进行。

第三节　高校课外学分认证统计信息系统

一、课外学分概述

课外学分，一般称为课外活动，指在正常课堂教育教学之外，根据受教育者的需求和自身的努力及教育、教学的需要，对教育者有目标、有计划、有组织地在直接或间接的指导下，实现教育目标的一种活动。课外学分是校园最为显性的一个层面。它以学生为主体，包括志愿服务、学术科技、兴趣爱好等内容的多种活动，它是学校教育的重要组成部分，是课堂教学的有益补充。对于不同学科的学生来说，通过选择课外活动，可以多学一些本学科以外的东西。不同学科相互渗透，相互交叉，可以使知识不断丰富，融会贯通，对于人才的培养有重要的作用。

课外学分也是高校大学生学习生活的重要方面，构成了大学生的业余生活的重要部分，有利于发展学生的特长，激发学生学习的兴趣和积极性，有助于开发学生的潜力和创造性，培养学生分析问题和解决问题的能力，促进学生的全面发展。通过课外学分系统，不仅丰富了大学生业余生活，拓展了视野，提高了综合能力和实践能力，还使学生能够初步了解社会，特别是通过参加学术类活动，提高了专业知识，了解了本领域的前沿技术。

同时，课外学分是大学生探索自我、发展人际关系的平台，是生活教育实践的场所，是引导大学生参与社会，塑造健全人格，促进大学生全面发展最自然、最直接、最有效的教育方式。

综上所述，课外学分系统为学生德、智、体、美全面发展提供了一个平台，通过课外学分，可以对学生进行思想品德教育。在活动中，加深了学生对思想观点和道德意识的自我认识，调动了学生学习的积极性，激发了他们的求知欲和好奇心。在充分发扬独立自主精神的条件下，扩大视野，提高技能锻炼，使学生将理论知识应用于实际工作中，培养学生多方面的兴趣爱好，增进身心健康，提高他们在未来的学习、工作中继续探索的勇气。课外学分能引导大学生树立正确的人生观、道德观、价值观，摆正个体价值与社会价值、理想价值与现实价值、道德价值和功利价值等之间的关系，均衡各种关系，实现人生价值。

二、系统需求

（一）系统设计目标

随着信息化校园、数字化校园的发展，信息系统向着规模化、智能化、网络化的方向发展，高校学生不断增加，有关学生的各种信息量也在成倍地增长。在这种情况下，单靠人工来处理学生信息，工作量很大；而用计算机可以将人们从繁重的工作中解脱出来，仅使用一些简单的操作便可及时、准确地获取需要的信息。信息系统设计的目标就是采用基于项目标软件工程面向对象研究方法，系统实现学生、会议、教室的管理，签到的统计、汇总，报表打印等功能，使课外学分管理工作系统化、规范化、自动化，从而达到提高管理效率的目标。系统要实现的基本目标主要有：教室、会议、终端、项目、统计信息的管理（添加、删除、修改等）；教室、会议、终端、项目、签到记录等信息的检索、统计、报表打印等；实现指定教室、指定会议、指定人员参加讲座；通过刷校园卡实现身份识别、签到，刷卡后显示签到者姓名、照片、学号等信息；数据通信安全，信息安全，统计准确；安装简单、操作方便、系统运行效率高；具有较强的可维护性和扩充性，能够适应用户的业务需求变化。

高校要自上而下先从整体上协调和规划，由全面到局部、由长远到近期，从探索合理的信息流出发来设计信息系统。使用快速原型法先构造一个功能简单的原型，然后对原型逐步修改，不断扩充完善到最终的系统。此外，为了提高模块的高聚合性、易扩展性，降低模块间的耦合程度，数据库的设计原则是把它作为中间模块，从而既实现数据共享，提高模块的独立性，又使系统具有更高的可修改性。

（二）系统的可行性

1. 技术可行性

首先，对于大多数高校而言，经过几年的建设，校园网已经相当完善，目前已覆盖了全校，为网上数据交换提供了现成的信息高速通道，为信息管理的实现打下了坚实的网络基础。同时，校园卡的应用日益广泛，深入学校生活的各个角落，兼备银行卡、身份卡、消费卡等多种功能。一卡在手，走遍校园，成了学生在校的必备之物。

2. 经济可行性

课外学分系统的开发可以得到学校与有关部门的资金支持，开发所需要的硬件和软件设施能很快得到配置，从而保证了开发工作可以顺利地进行。另外，本系统的应用可减少人力、物力的投入，提高工作效率，提高学校教务信息化水平，具有较为深远的意义。

3. 社会可行性

使用可行性：本系统界面友好，操作简单，易于掌握。运行可行性：本系统支持并发网络访问，系统运行对服务器要求不高，计算机装上运行环境即可作为服务器使用。法律可行性：本系统为学校部门内部使用，无商业运营现象，又是自主开发设计，因此不会侵权。

三、系统设计

（一）数据库设计

数据库是信息系统的核心。信息系统离不开数据库，信息管理实质就是对数据的管理，将数据库管理系统应用于信息管理，有助于信息管理的规范性、系统性、科学性，能极大地提高信息管理的效率，更好地发挥信息管理的作用。

（二）接口设计

设计开发课外学分系统与校园卡管理系统接口集成，引用共享数据中心模式，保持原各业务数据库表不变，通过触发器或者开发数据接口读取需要共享的数据，并且进行转换、汇总生成新的共享数据库。Web Service 是一种通过 Web 部署提供对业务功能访问的技术。它成为企业相互交流信息资源的一个接口。Web Service 可以突破服务器、网络宽带的限制，以较快的速度提供跨平台的数据服务。它最基本的目标就是提高在各个不同平台、不同应用系统的协同工作能力，使供应商及客户之间能够实现无缝的交互。

（三）系统设计原则与开发方法

1.系统设计原则

为确保系统的建设成功与可持续发展，在系统的建设过程中与技术方案设计时我们应遵循如下原则。

（1）实用性和可靠性

信息系统的实用性是开发信息系统遵循的首要原则，以够用为准则，并注重理论与实际相结合。可靠性是指系统在特定的时间内、特定的环境和条件下，无失效执行其预定功能的概率。可靠性包括硬件可靠性和软件可靠性。硬件是一种物质产品，失效的主要原因是硬件故障，可靠性主要体现在硬件设备性能的稳定；而软件是一种逻辑产品，失效的根本原因是设计错误，软件可靠性主要体现在应用软件操作系统的稳定性和软件功能可靠、无故障及具有可操作性等。

（2）易扩展性和易维护性

扩展性原则要在系统建设中充分考虑未来的发展，不仅要留足充分的冗余，还要在以后能够进行"积木式"的扩展。对于易维护性原则，系统在运行中的维护应尽量做到简单易行，维护过程中无须使用过多的专用工具，在系统故障率最低的同时，即使面临突发事件，也能保证数据的快速恢复。

（3）先进性和安全性

设计上重点突出"技术为业务服务"的主题，要把业务和技术进行综合考虑，在吸纳先进设计理念和丰富经验的基础上，形成具有实际特点的设计方案。系统硬件的安全采用备份服务器和硬盘镜像技术，而系统的软件安全表现在登录系统时，通过身份验证来辨别用户，并对各级用户分配不同的权限。同时，及时修复系统漏洞，安装杀毒软件。

（4）易管理性和复用性

系统在开发过程中采用面向对象的方法和模块化的思想，将整个系统分解为模块加以实现，使得系统易于管理、易于修改，其各功能模块可重复使用。

2.系统开发方法

系统开发常用的方法有生命周期法和快速原型法，在课外学分系统中，我们采用快速原型法。快速原型法是针对结构化生命周期法的问题提出的一种新的系统开发方法，它首先构造一个能反映用户要求、功能简单的原型，然后对原型逐步修改完善，精益求精，最终建立完全符合用户要求的新系统。原型就是模型，而原型系统就是应用系统的模型。

快速原型法的优点主要有：①它提供了一种验证用户需求的环境，允许在系统开发生命周期的早期进行人机交互测试。②它提高了最终系统的安全性，能减少系统开发的风险。③它既可以用实例建立新系统，也适用于对旧系统的修改。④加强了开发过程中用户的参与程度，加深了对系统的理解。⑤可以提供良好的系统说明和示例示范，简化开发过程的项目管理和文档编制等。

快速原型法的应用克服了生存周期法的不足，具有缩短开发周期、降低维护费用、适用性和可靠性强、调试容易等优点。基于快速原型法，我们可以利用较短的时间首先开发一个平台原型，并根据待实现的系统功能对原型进行讨论分析和修改；然后开发一个系统，提供给用户试用一段时间，根据用户反馈意见对系统加以维护和完善，并确定系统的框架，最终在这个框架的基础上逐步细化并详细编制各个功能模块。

第六章　高校教学的未来发展

第一节　高校教学思想的整合与引领

当今社会及科学技术发展迅猛，一切都在改变，我们的教育观念也在改变。因此，高校教学时间的有限性和科学知识增长的无限性之间就产生了不可避免的矛盾。目前来看，高校教学还存在着种种的误区以及弊端，深受传统教育观念的影响。高校往往在知识传授方面鸿篇巨制，但在教育观念、教学方法上却仍然墨守成规，这就使得硬件条件越来越好，而教学过程还是一成不变。培养大学生动手实践和创新思维的实验条件远远不够。放眼当今世界经济、科技、文化呈现剧烈变革的新态势，高校教学正面临着前所未有的考验和挑战。我们在深刻反思传统教育思想观念的同时，更要努力探索教育发展的增长点以及改革的突破口，加速树立现代教育观念，全面推动高等教育的改革发展。

一、开创高校教育新思想

高校教学既要从国情出发，为社会服务；又要面向世界，赶超世界先进水平；更要面向未来，谋求长远发展规划。在办学体制上，克服关门办学的封闭式教育，解放思想以开放的心态办教育；转变传统教育观为可持续发展的教育观；转变专业教育为素质教育；促进知识教育与创新教育相结合。

二、树立高校现代教育新观念

培养具有创新意识和创新能力的高素质科技人才对社会发展至关重要。高校教学思想创新的核心理论是：一切从学生的需要和发展出发。具体来说就是高校要树立现代教育新观念。

三、转变高校教学思想观念

不同时期有不同的教育观念和教育思想。现代教育已由封闭式教育转型为开放式教育、由继承式教育转型为创新教育、由职前教育转型为终身教育、由整齐划一的教育转型为个性化教育。强调多元、崇尚差异、重视平等、推崇创造的教育思想已成为现代教育之主导。高校教师必须与时俱进，解放思想，树立现代教学理念，否则，就会被社会淘汰。教师进行创新教育的前提就是要更新教育思想观念。如果观念陈旧落后，那一切都无从谈起，转变教育思想观念是教育工作向纵深发展的前提。

联合国教科文组织提出了"终身教育"和"学习社会"的教育思想，被誉为当代教育思想发展的一个里程碑。指出：那种想在早年时期一劳永逸地获得一套终身有用的知识或技术的想法已经过时了，传统教育的这个根本准则正在崩溃，我们要学会生活，学会如何去学习，这样便可以终身吸取新的知识。高校教师任重道远，以往教育的弊端，很大程度上在于教师的教育观念陈旧落后，所以教师必须转变教育思想、更新教育观念，以适应高校教学的需要。

（一）发展学生个性

在既相互竞争又相互依存、变化速度日益加快的现代社会，许多事例和实证研究成果表明：在人的成功要素中，非智力因素比智力因素更为重要。心理学家认为"情商"是个体最重要的生存能力，是一种发掘情感潜能、运用情感能力影响生活各个层面和人生未来的关键品质要素，它主要包括自我控制能力、自我认识能力、自我激励能力、认知他人能力和人际交往能力等五方面的内容。

以人为本，发展学生个性，就是要求教师要转变以发展智力为中心的教育思想，树立智力和非智力协调发展的教育观念。做到这个转变的实质，就是以学生为本，把教育教学从以培养和发展学生的注意力、记忆力、观察力、思维力等智力因素为中心，转到在发展智力因素的同时，注重培养和发展学生的动机、兴趣、情感、意志和性格等非智力因素，并使它们相互促进，和谐统一，协调发展。实际上就是要求高校教育应以学生为中心，应培养学生的自我生存能力、促进学生个性的全面发展，并把这作为当代教育的基本宗旨。学习不再是学生的专利，教育也不再是教师的特权。教育的本质是服务，适应学生的教育是最好的教育。学生的个性差异是客观存在的，个性差异是创造性发展的依据，没有个性难以培养创造性。因此，教育要以学生为主体，着眼于学生的全面发展，重视个性发展，强调个性教育。实现这种人性化的教育服务，就要改变过去那种整齐划一的教育模式，从学生差异入手，尊重学生个性，因材施教。

（二）树立创新教育观念

高校教师要转变单纯以继承为中心的教育思想，树立着重培养创新精神的教育观念。继承是创新的基础，但继承并不能自然而然地导致创新。所谓创新教育，并不是一种具体的教育模式，而是一种适应社会发展要求的教育思想或者说教育理念。

（三）树立终身教育观念

教育家指出："教育并非终止于儿童和青少年，它应伴随人的一生而持续进行。"随着知识经济的到来，知识更新周期不断缩短，新知识层出不穷，信息量成倍增加，学习的概念和范围扩大了。终身学习在纵向上贯穿于人的一生，在横向上又要求每个人在不同的时期通过学习与实践接受知识经济的挑战，热爱学习、学会学习、终身学习，了解学科发展最新动态，不断更新知识、更新教材内容，掌握新技能，才能有所发现、有所创造，才能使学生站得高、望得远，有所突破、有所创新。许多知识还没有等到学生学会，可能就已过时了，因此高等学校教学在大量和有效地传授越来越多、不断发展并与认识发展水平相适应的知识的同时，应侧重使学生学会学习的方法，使学生获得可持续的学习和发展能力，使学生有能力在自己的一生中抓住和利用各种机会，去更新、深化和进一步充实最初获得的知识，使自己适应不断变革的社会。

"授人以鱼，一餐之需；授人以渔，终身受益"。一个好教师，在使学生获得知识的同时，要掌握自我教育的方法和技巧。教与学是一种互动的关系，教师在教学中既施控也受控，学生在学习中既受控也施控。这种互动既有积极的一面，也有消极的一面。教与学之间的健康关系应表现为教师的主导作用与学生积极性、独立性、创造性的发挥达到统一。这是一种富有时代精神的、面向未来的教育观和教学观，高校教师只有树立正确的终身教育观念，才能与时代和教育的发展保持同步。

（四）树立现代教学观念

当现代信息技术进入教学过程中，学生借助计算机和多媒体等进行学习，获取知识的途径不断增加，这就使教学有了新的变化和突破。它改变了传统的以教师为中心的课堂讲授式教学，代之以教师对学生的引导启发，为学生自主学习创造了充分的条件。具有现代化教学观念的教师，应从传统意义上的知识传授者转变为学习的组织者和协调者，对学生的学习活动进行指导、计划、组织和协调安排，注重培养学生自我学习及获取信息和知识的能力。

（五）营造科研氛围

面对知识经济，高校教师一方面要完成传道受业的任务，另一方面要结合社会实践，研究经济社会运行中遇到的问题并解决。教师要带着一丝不苟的钻研精神营造科研氛围，搞科研、求创新、谋发展。既为社会建设服务又为学生的知识创新服务。

第二节　高校教学目标的落实与统一

一、教育目标概述

（一）教育目标的概念

所谓教育目标，就是人们在观念上、思想上对教育对象的综合素质总的设想或规定。每个人生下来，都面临着一个发展可能性的空间，作为培养的对象，包括家长、教师在内的其他人总要为他选择某种发展的可能性，按照某种期望和要求去塑造他、培养他，使他朝着这个方向去发展，这就是广泛意义上的教育目标。一般来说，一个国家的教育目标，大体上由三个层次构成：一是国家总的教育目标，它客观上反映社会和整个社会成员对教育对象综合素质的要求。二是各级各类教育的培养目标，旨在对不同层次、不同类型的教育机构进行调节和控制。三是教育过程中的具体发展目标，它由一系列从低到高的指标体系构成，具体指导学校教育工作。如"教育目标分类学"，就是将第三个层次的具体目标排列成等级系统，为教师的教学、教育质量评价提供了价值标准，保证了总的教育目标实施。

（二）教育目标的作用

1. 制约教育对象的发展

人们制定一定的教育目标，就是要制约教育对象发展的方向和进程，使他们按照预期结果发生变化，改变人的自然的盲目标发展过程，防止其他不符合教育目标的各种因素的影响，从而把受教育者培养成为合格的社会成员。

2. 指导整个教育过程

教育目标对一切教育工作者和整个教育过程都具有重要的指导作用。它制约着教育制度的建立和教育内容、教育方法的选择，它是教育工作的重要依据。同时，又是评价和检验教育工作结果的标准。从这个意义上说，教育目标既是教育工作的出发点，又是教育工作最终的归宿。

3. 激励教育主体

教育目标不仅指引教育发展的方向，而且应该推动教育活动。教育目标本身也是一种理想，它能激励教育主体（主要包括教师和学生）在教育活动中产生一种为理想而努力与拼搏的坚强意志和情感。这种意志和情感，是他们在教育活动中必不可少的一种强大的精神动力。意志和情感可以使学生的主观能动性得到充分的发挥和实现，可以激发人们克服困难、解决难题的智慧和机智。没有基于对教育目标的追求，就不可能真正自觉地、主动地、积极地参与或开展教育实践活动。

（三）制定教育目标的依据

1. 社会需求

社会是人类生活的环境和生存的空间，是人类每个成员成长的摇篮和发展的温床。社会在向人们提供必不可少的生存和发展条件的同时，也要求人们按照相应的社会规范来调节自己的行为方式，因而，也要求教育按照一定的社会需求来培养和塑造正在成长中的学生。于是，教育目标具有社会制约性。社会构成包含许多因素，对制定教育目标的影响是很复杂的。教育目标主要受一定社会的生产力水平、科学文化发展水平和社会经济制度所制约。

人是生产力中最重要的因素。生产力发展对于人所提出的要求，必然制约着教育目标的制定。生产力发展水平要求培养人的知识、智能、体力等素质水平与之相适应。于是，社会要求广大的社会成员具有一定程度的文化科学知识，掌握一定的生产原理和技能，以适应社会化大生产的发展，这种社会需求就明显地反映到教育目标中来。

一定社会的教育目标受一定的社会经济制度所制约，因此教育要培养社会所需要的具有正确世界观的人，为维护发展社会经济制度服务的人。

2.个体需要

我们还应该看到，尽管社会需要是制定教育目标的客观标准，但并不是唯一的标准。教育目标的制定，还应该同时依据个体需要这个内在准则。

教育目标所直接指向的对象是受教育者，其中，主要是正处于发展阶段的青少年。只有社会的要求和希望转化为个体的内在需要，并且与受教育者的生理机制、心理机能相吻合，引起身心发展的飞跃与质变之后，才能显示出社会需要更富有积极性、能动性、创造性。因此，高校在制定教育目标时，就不能不考虑教育者的心理发展和生理发展的规律与过程。教育目标所勾勒的受教育者所要形成的素质结构，是社会规定性在受教育者个体身上的体现，是社会需要和个体需要的有机结合。

3.现实需要和未来需要的统一

教育是一个演进的过程，而且，它是渐进发展的。它扎根于过去而又指向未来。教育目标既具有继承性、现实性特点，又具有开拓性、未来性的特征。教育目标是以往历史的继承和当下实践的起点，它要把生活现实同已确立和理想的价值联系起来，共同构成一幅建立在现实基础上的系统的理想蓝图，并作为教育的希望和追求。这种继承性、现实性与开拓性、未来性的统一，构建了教育目标的总体框架。

社会与个体的现实需要是制定教育目标的出发点。社会与个体的现实需要，具体体现为对当今社会的物质生活需要和精神生活需要做出及时准确的判断反映。这种现实的反映连同过去的历史条件共同构成了制定教育目标的出发点。

社会与个体的未来需要是制定教育的期望所在。教育的根本宗旨，就是为了培养开创未来、建设未来、适应未来的人才。因此，教育目标的制定，必须考虑未来社会变化引起人才要求的变化，要适应不断变化着的未来。

社会与个体的现实需要同未来需要的关系，是辩证统一、高度融合的互补关系。它们构成了我们制定教育目标的根本依据。

二、高校教学目标

高校教学目标与一般教育目标一样，对教育对象的培养具有调控和指导作用；在教育目标制定方面，高校教学目标的制定同样也受制于社会经济的发展，受制于青年学生的身心发展规律，两者相比而言，受社会、经济发展的制约程度要高些。与此同时，高校教学目标对社会、经济的发展，对青年学生的健康也有着巨大的反作用。因而，高校教学目标的个体价值、社会价值在一定意义上要大于中小学教育的目标。

（一）高校教学目标的价值取向

从高校教学发展史来看，高校教学的目标经历了自由教育目标、自由教育目标与职业教育目标融合、自由教育目标与职业教育目标分裂、普通教育目标、人文教育和专业教育目标结合等几个阶段。

1. 自由教育目标

所谓"自由教育"是指以自由发展人的理性为目标的教育。它最早是由亚里士多德所提出的，其最初的出发点是为自由民提供一种发展理性的教育，为自由民的闲暇和理性发展服务。自由教育的主要内容是"七艺"。自由教育构成了对文艺复兴时期以前的学校起主导作用的教育思想。在大学的形成和发展过程中，自由教育也逐步融入了职业教育的内容。

2. 职业教育目标

所谓职业教育目标，即指培养专业人才，养成学生的职业特长、专长的教育目标。大学发展的历史表明，职业教育目标是大学起源的初衷。自由教育的不足在于过分强调知识的作用，强调人的理性发展，没有或较少顾及社会的发展需要，使大学与社会成为两个不相干的部分。与此相反，职业教育则过于强调人的职业特长、专长，强调人的社会适应能力，把人仅仅摆在"工具"的地位，忽略了人的情感，理性的发展和需要。随着人们对大学功能的认识的不断加深，高校教学自由教育目标和职业教育目标也得到了不断的修正和完善，由此而出现了普通教育目标和强调人文教育与专业教育融合的教育目标。

3. 普通教育目标

部分教育学家认为，普通教育是指以培养人的独特品格和个人生活能力为核心内容的教育。普通教育的目标在于为学生提供完满生活所需要的价值观念、态度、知识和技能。普通教育的课程包括自然科学、社会科学和人文科学领域中与人的发展和社会需求相关的内容。因为普通教育的上述特点，有人认为普通教育与自由教育是一脉相承的，是自由教育的翻版；也有人认为，普通教育的目标是为了使个体更好地适应社会和生活，是为专业教育奠定基础的准备教育，具有明显的实用价值，因而本质上是专业教育。我们认为，普通教育吸取了自由教育和职业教育的精华，是对两者的扬弃和发展。

从普通教育的现有模式来看，普通教育在教育目标上强调人的理性和一般素质的培养，在课程设置及其教学上强调知识的系统性及不同学科的整体联系，主张人文科学、社会科学和自然科学具有同等的地位，强调必须赋予专业教育的一种人文性质。因此，普通教育把自由教育与专业教育有机地结合起来。既继承了两者的合理性又弥补了两者的不足，并彰显了自己的特性和独特精神。但我们应当认识到，普通教育也有其不足之处，即高校教学的主体是一种专业教育，普通教育在这方面很难保证做到。正因为如此，在高校教学领域又出现了另一种教育目标，即专业教育与人文教育相融的教育目标。

4. 专业教育与人文教育并重

严格意义上说，普通教育并非像自由教育、职业教育那样，作为一个完整意义的高校教学过程而存在，而只是设置在大学教育初期（通常在大学一二年级）的一个知识基础性、广博性和准备性的教育阶段，其目标主要是为专业教育打基础。因此，普通教育与专业教育常常是独立进行的。为了把普通教育的内容和精神融入专业教育的全过程中去，由此产生了一种新的高校教学目标观，即专业教育与人文教育并重的目标观，或者说科学教育与人文教育并重的教育目标观。人文教育教人做人，科学教育（专业教育）教人做事。做人与做事同时并举，这是人文教育与专业教育并重的教育目标观的精华，也是我们所处的知识经济时代对高校教学培养人才的内在规定性。

（二）我国高校教学目标

我国高校教学的目标是为社会建设和发展培养具有创新精神和实践能力的德智体美全面发展的高级专门人才。我国高校教学目标的价值取向是人文教育与科学教育并重。

1. 培养高级专门人才

高校教学是培养高级专门人才的教育领域或教育机构，这是由高校教学的本质属性所规定的。社会职业的分化与组合，由科学的发展所导致的学科的分化和综合，都突出了高校专业化的特点。人的能力在心理学的视野里是无限的，但在现实的社会里，人的成长和发展总是确定在某一方向或某一个领域内，能够适应多种行业、职业需要的人毕竟非常有限。因此，高校教学作为培养高级人才的核心领域，走专业化之路是不可避免的。即使在知识经济时代，这种专业性仍然存在，不同的只是专业的包容性更大了而已。

高校教学在培养专门人才的同时，必须加强人才的政治素质培养，使他们具有坚定、正确的政治方向，这是非常重要的。21世纪所面临的和必须应对的是知识经济、经济全球化、高校教学国际化。这些都对我们的高校教学培养人才提出了很高的要求。其中最为核心的是创新精神和实践能力，而这两者正是应试教育下进入高校的学子所存在的主要不足之处。因此，高校在培养具有创新精神和实践能力的高级专门人才的过程中，在方法和途径上应走"教育与生产劳动和社会实践相结合"的道路，这既是教育方针的要求，更是社会、时代的要求。

2. 培养德智体美全面发展的高级人才

高校教学确立专业教育与人文教育并重的教育目标，学者倡导科学教育与人文教育的融合，说到底是要培养德智体等全面发展的高级人才。大学生与没有进入大学学习过的人相比，全面发展的要求更高，对社会的价值要求更大。在德的方面，要求大学生的人格更完善，思想境界更高，社会责任感更强，服务意识、奉献意识更浓。在智的方面，要求大学生的知识更丰富、更全面，认知能力、思维能力、创新能力更具有思辨性、发展性、时代性，专业水平、专业能力更高，业务素质更优、更强。在体的方面，要求大学生的身体素质更好，能适应工作的需要。在美的方面，要求大学生的审美能力、审美意识更强，更应具有宽广的胸怀、包容的胸襟。

第三节　高校教学内容的选择与开发

一、教学内容与课程

我们在讨论教学内容之前，必须先讨论教学内容与课程的关系。对此有很多的不同观点，其中主要的说法有两种。

说法之一：将教学内容等同于课程。教学内容就是学校给学生传授的知识和技能，灌输的思想观点，培养的习惯和行为等的总和，也叫课程。课程就是有计划的系统的教学内容，是一系列教学科目标集合。具体讲，就是指教学计划或教学大纲和教材所规定和表述的教学内容。

说法之二：课程与教学内容是两个不同的概念，但有着密切的联系。课程包括教学的内容（学科、活动等）、安排、进程、时间，也包括大纲和教材。课程也不只是教学内容，还有对内容的安排、进程和时限等。

两种说法都有其一定的道理。但我们认为对课程作更宽于教学内容的理解会更有利于实践，因为实践中的教师不仅要"教书"还要"育人"。因此，下面这个概念可能更全面一些："教学内容是学校教育过程的根本因素之一，是教学过程中教师的教与学生的学的双向活动的中介，学校的教学内容是以教学计划、教学大纲、教材讲义、活动安排等具体形式表现出来的知识、技能、价值观念及行为。"

二、教学内容选择和组织的原则

教学内容应精心选择、合理组织，教学内容决定于教育目标。高等学校的教育目标之一是培养高级专门人才，其教学内容和课程体系是实现培养目标及提高人才培养质量的核心，这就决定了高等学校的教学内容具有明显的特性。一是教学内容的专业性强。除了一般的公共课程之外，高等学校的教学内容是相应学科的专业知识。二是教学内容的系统性强。高等学校的教学内容是相应学科专业的系统性知识。三是教学内容的理论性强。高等学校的教学内容包括相应学科专业的基本理论、原理和方法。四是教学内容的应用性强。高等学校的教学内容来源包括相应学科的科学研究和专业实践，并能指导学科研究和专业实践。五是教学内容的变化性大。高等学校的教学内容随着学科、专业的发展和社会经济的发展而发展，反映相应学科、专业的最新成果。因此，教学内容的选择和组织应遵从以下原则。

（一）适时增删原则

主要是指高等学校的教学内容应跟上时代、科学、学科的发展步伐。很多高校有不少基础课程的主要教学内容是 20 世纪以前的，而对现代科学技术的巨大发展与成果反映很少。例如，基础物理学的主要内容是经典物理部分，对近代物理内容却反映得很少；高等数学主要内容是微积分，而缺乏现代数学的必要内容。

（二）完整构建原则

教学内容是以学科为基础的、各学科是一个个完整的体系，教学内容应保证基本原理、原则和知识在逻辑上的内在完整性。有的教学内容只讲静态的、分散的具体知识，而缺乏动态的、发展的、整体的科学思维方法和科学发展趋势等有利于培养学生创新精神的内容，这也是违背完整原则的。

（三）个性发展原则

教学内容的选择必须考虑学生在心理、生理、智能、学习目标与动机等方面的差异。只有如此，才能解决压抑学生个性发展，难以使优秀人才脱颖而出的问题。

（四）知识拓展原则

开设一些本专业以外的课程及有关基本素质、基本能力、基本知识教育的课程，可为学生提供充分发展自己的空间和条件，有利于培养多层次、有特色的复合型人才，充分满足社会对各方面人才的需要，使学生和社会之间有更多的选择机会和更大的选择余地。

（五）调动师生积极性的原则

教师和学生是学校的主体，是教育教学工作的主要承担者。只有充分发挥广大教师和学生的作用，充分调动广大师生的积极性，才有利于提高教育教学质量。

第四节　高校教学方法的运用与创新

一、高校教学方法及其特点

（一）高校教学方法

教学方法有广义和狭义之分。广义的教学方法是指为达到教学目标和完成教学任务所采用的各种手段、方式或活动途径；狭义的教学方法是指在教学过程中，尤其是课堂教学中，教育者对学生施加影响、把科学文化技术知识等传授给学生，培养能力、发展智力、提高品质修养等的具体方法和手段。高校的教学方法是指在高校教学过程中，教师对大学生施加影响、把科学知识传授给学生并培养能力、发展智力，形成一定道德品质和素养的方式。

教学方法在高校教学中是多种多样的。有人将之分为三类：①用语言直接向受教育者传授知识技能，如讲授法、问答法（或称谈话法、答辩法）、讨论法等；②使受教育者通过直观感知获得认识或技能，如实验法、演示法、参观法等；③指导受教育者自己获取知识和技能，如读书指导法、练习法、自学法等。高校的教学方法从所依据的基本原理而言与普通学校教学方法相比并无特别之处，但高校实施的是专门教育，传授的是高深知识，加上大学生身心发展日益成熟，因而在方法使用上，就表现出一定的特殊性。从当代高校教学方法改革趋势来看，共同的因素是在指导思想上推行启发式，在方法的功能上由传授知识到教会学习，在方法的结构上由大班讲授为主到指导学生独立地学习与研究为主。

（二）高校教学方法的特点

与中小学所采用的教学方法相比，高校教学方法的特殊性主要体现在三个方面。

第一，由注重"教法"转向注重"学法"。大学生身心发展已经趋向成熟，如果说传统观念认为中小学由于学生年龄决定了对学生以传授知识为主，对教师教学技能的要求比较高的话，那么高校在向大学生传授必要的基础知识的同时，应以教会学生学习的方法为主。换言之，高校教学方法主要在于内而非其外，核心是以培养学生的自学能力为主。

第二，具有很强的探索性。因为高校教学是专门人才的教育，且传授的是高深知识，往往是社会发展和科学文化发展的最前沿的知识，所以教师在教学方法上常选择那些具有探索性的教学方法，这也是培养大学生探究精神和科研能力的需要。这种具有很强探索性的教学方法包括归纳法、推理法、演绎法等逻辑抽象法。

第三，具有很强的专业针对性。由于高校教学的一个基本特点就是它的专业性，出此，大学生不仅应掌握未来从事专业所需要的专门的科学文化知识和能力，而且要学会追踪科学技术发展的最前沿。这就决定不同的专业应选择与之相适应的教学方法，并要求这些教学方法具有很强的专业针对性。

概言之，高校教学方法与普通学校教学方法的特殊性表现在：明确的专业指向性和与科学文化发展过程以及研究方法的接近性。

二、高校教学方法的运用原则

教学有法，但无定法。高等学校教学方法并无好坏之分，可以说世界上并没有绝对"最佳的"教学方法，任何一种教学方法总有一定的局限性。因而，高校教师在教学过程中要根据特定的教学需要和可能的条件，综合地选用有效的教学方法，以期取得最好的教学效果。高校教学方法的选用原则有：有利于系统传授专业知识，启发学生、培养学生的创新能力；有利于寓教育于教学，根据学科特点，选用现代教育方法；理论联系实践的原则；量力性原则以及可接受性原则等。而教学中，教师在方法的使用上并不只是选用一种方法，而是要综合运用。教学方法的综合运用又要注意以下原则。

（一）　教法与学法的统一

教学方法按其本来的意义，就是既指教的方法，也指学的方法。而在教学实践中，教与学往往分离甚至相悖，才有教学矛盾之说，就是教法与学法的不协调。在教学方法的选择上，强调教与学的优化组合，使教与学双方在方法上相互适应、相互促进，在心理上相互协调、相互激励，才能很好地解决教学矛盾。

（二）　讲习知识与训练智能的统一

我们可以把教学方法分为讲习知识的方法与训练智能的方法两类。当然这种划分是依据方法的主要特点和功能而言的，具有相对性。在教学实际中，就必须有意识地克服方法的单一功能的局限，将讲习知识的方法与训练智能的方法统一起来，加以综合运用。

（三）　常规教学与现代教学的统一

依据所凭借的媒介，我们可以将教学方法划分为常规教学方法与现代教学手段两类。传统的常规教学方法所凭借的大多是一本书、一张嘴、一支粉笔和一块黑板。现代教学手段是指以电、光、形、声结合而成的记录、储藏、传输和调节教育信息的教学手段，常用的有幻灯、录音、唱片、电影、电话、电脑、语言实验室等。实践证明，无论是传统的常规教学方法还是现代教学手段，都有各自的优缺点，不能互相替代。这就意味着，教学中既要继续用好传统教学方法，充分发挥它的魅力；又要积极采用现代教学手段，跟上时代前进的步伐；更要积极地寻求二者运用上的有效结合点，极大地发挥二者综合运用的整体效能。

三、高校主要教学方法

随着科学技术的发展，教学方法的改革蓬勃兴起，高校教学方法有了较大革新与变化，特别是生理学、心理学的新成就以及现代教学手段的运用，为教学方法的革新提供了重要条件。国内外的一些心理学家、教育学家和优秀教育工作者在教学改革的实践中，创造了发现教学法、问题教学法、研讨教学法、微型教学法、掌握学习法等多种教学方法。这里我们对一些主要教学法略加介绍。

（一）　发现教学法

发现教学法也称为假设教学法或探究教学法。这种方法主张学生在教师指导下，像科学家发现真理一样，通过自己的探索，发现事物的起因和事物的内部联系，从中找出规律，形成自己的概念。在这个过程中，让学生体验发现知识的兴奋感和完成任务的胜利感，加强学习的内部动机。正如提出者所言，发现的作用在于：提高学生智慧的潜力；使外在动力向内在动机转化；掌握发现的方法有利于迁移能力的形成，有助于记忆。

发现教学法常用的步骤是：①确定和说明对学生有兴趣的问题；②把这些问题分成若干有联系的提问；③提出可能的答案；④搜集和组织有关的资料；⑤钻研和讨论这些资料，概括出结论；⑥证实结论。

发现教学法要求学生必须积极主动地去学习，教师教学目标是教会学生学习方法，对培养学生发现问题、研究问题和用所学到的知识去解决其他类型问题的能力具有重要作用。高校以培养智能型人才为主的趋势，为发现教学法的运用开辟了广阔的天地。

（二）问题教学法

问题教学法是在中学和大学里得到广泛运用的一种教学方法。所谓问题教学法就是教师在课堂上形成一种问题情境，启发学生自己去探索、寻找答案，从而激发学生的学习积极性。因此，问题教学法就是通过建立一种问题情境来克服过去传统课堂教学中那种单向传授式的教学。

问题教学法的具体步骤是：①提出问题、创造问题情境；②在教师有目标的影响下，学生进行独立活动；③提出新问题。在上述基础上，教师再把学生引导到需要在下一次课中解决的新问题上。

问题教学法改变了传统教学中单向传授的方式，把教师的讲授与大学生的积极思维活动结合了起来，从而增加了教师和学生的联系，增加了学生的独立活动以及在课堂上学生向教师提出问题的数量，加强了教学中的启发性、探索性和研究性。但运用这种教学法费时较多，难以使学生系统地掌握全面知识和训练其必要的技能、技巧，因此要与其他教学方法结合起来使用。

（三）研讨式教学法

研讨式教学法源于早期的德国大学，后来发展成为一种主要的大学教学方法，特别是培养研究生的主要教学方法。它的目标在于为学生提供问题和讨论问题的机会，讨论并解决其他教学形式无法解决的问题。研讨式教学实际上也是一种教学形式，可作为课堂讲授的扩充。研讨式教学法的步骤大体可分为两大阶段。第一阶段：探索研究阶段，也就是准备阶段。这一阶段的教学活动主要有：确定研讨的课题；查阅资料；从已确定的课题或问题出发进行研究、调查、实验、论证等活动；根据上述活动的结果，撰写研究报告、发言提纲或评论性文章。第二阶段：报告讨论阶段，也就是研究式教学法的实施阶段。一般采取以下几个步骤：设立研讨式教学的筹备小组；向学生宣布专题报告和分组讨论的程序和时间安排；进行小组专题报告和讨论；各小组代表向研讨班全体成员做报告发言；教师或召集人进行总结。

在研讨式教学中，教师的作用主要表现在作为一名研讨活动的组织者，去促进研讨活动，其职责在于确保研讨活动的每一步骤和环节都在和谐的氛围中进行。为此，教师要拟定周密的教学计划，指导学生撰写论文提要、研讨报告和评论文章，并做好研讨式教学的组织、总结和评价工作。可见，运用研讨式教学法需要教师有一定的教学与学术水平。

研讨式教学是一种科学的教学方法，它不仅能使学生增长知识、开阔视野、激发兴趣，又有助于培养学生智能和加强科研训练。除此之外，它还能活跃高校的学术氛围，有助于师生共同探索、发现和研究，进而密切师生联系，教学相长。但是，研讨式教学法不像课堂讲授那样利于传授系统、完整的知识，而且它要求学生人数较少，难以适用于大班教学。因此，研讨式教学法一般用于研究生教学，在本科教学中，一般不适用于进行具有较高稳定性的知识体系教学。

（四）掌握学习法

掌握学习法，也叫凯勒学习法。这种教学方法的指导思想是：学生的学习进度虽有快慢之分，但只要给予足够的时间，几乎每个学生都可以学会，都能掌握课程要求的各项教学内容。这种教学方法的具体实施步骤为：①教师确定课程内容，把课程分成若干小单元；②学生按照顺序学习各单元，学完后进行单元测验，表明是否已掌握了某一单元，如果测验不及格，还需要重新学习这一单元，一直到及格，才能进入下个单元；③学生按照自己的进度顺序学完课程内容。

在这种教学方法中，教师的作用在于通过书面材料向学生传达教学信息，促成师生之间的交流。虽然也要使用讲授，但它不占主要地位，因为讲授不是为了提供知识，而是为了激发学生的学习动机。

运用这种教学方法，教师还需要从已经学过这门课程的学生中选择若干名辅导员作为教学上的助手。负责给予测验评分并与学生讨论正确答案，发展个别辅导员为学生提供反馈信息。

（五）学导式教学法

学导式教学法，就是学生在教师指导下进行自学的一种教学方法。这是近年来在高校教学改革中出现的一种新的教学方法。它的指导思想在于改变长期以来高校教学中以讲授为主的教学方法，把教学的重心从"教"转到"学"上来。在具体的教学实践中它强调以学生自学为主并得到教师必要的指导，在学生主动掌握知识的过程中注重智能的开发，从而把教学从以传授知识为主转移到发展智能上来。

学导式教学法的基本结构是自学、解疑、精讲、演练。它一般采取以下四个步骤进行：①教师组织有利于学生自学的教材；②学生间相互提问、解疑；③教师针对性地精讲；④学生进行演练。演练是学导式教学法综合开发学生智能的主要环节。

学导式教学法在我国还处于探索、实验阶段，特别是它所依据的理论基础不稳定，有待更为深入的探讨。从实践中看，它比较适用于技能技巧方面的学习以及成人高等教育。

（六）个性化教学法

个性化教学法，是一种让学生根据自己的具体情况而自定学习进度的教学方法。运用个性化教学法，有如下步骤：第一，教师在课程开始前认真分析整个知识体系内容，并把整个内容分成一个个为期一周的小单元，确立每一个单元的教学目标。第二，制定即时反馈方案，即制定出每个单元的选择性考试形式和评分标准，以便学生在结束这一单元学习时进行考试。第三，安排教学活动场所。一般来说，该方法很少在课堂上对全班学生使用讲演形式的教学，而往往在那些有利于教师与学生自己畅谈、讨论问题、进行考试的私下场所进行。此外，实验室、小组讨论等也是主要的教学载体。第四，学生选择一名同伴担任课程的伙伴导师，该位导师与学生保持最紧密的个人联系。这样的导师要具备几个条件，他应该曾经以优异成绩通过了这类课程单元，熟悉该门课程的知识内容，而且应该有较强的责任感，能胜任其职。如有可能，这些导师应该受到过教师技能的专门训练。第五，当一名学生在单元课程学习中，通过自学课本和辅助教材等，相信自己已经掌握了学习内容时，评定其成绩，并与学生一起认真检查、校正所有错误。需要的话，还可以提供附加的教学和学习建议。第六，学生必须获得高分，才能进行下一单元学习；若是低分，便重新学习这一单元，还得重新考试。

四、高校教学方法的发展

随着科学技术的飞速发展，高校的教学方法也日益先进，现代化的教学手段给高校教学带来了生机与活力。特别是数字音像技术、卫星广播电视技术、多媒体计算机技术、人工智能技术、交互网络通信技术和虚拟现实仿真技术等现代信息技术应用到教育领域中，使教学媒介呈现新的特点，表现为"教学信息显示的多媒体化，教学信息处理的数字化，教学信息贮存的光盘化，教学信息传输的网络化和教学过程的智能化"。

现代信息技术应用到教学领域，使教学的观念、内容、方法和管理都发生了深刻的变化。各高校都在采取措施大力发展教育技术，开发新的教学方法，深化教学改革，加速教学方法的现代化进程。

（一）建立数字化校园

数字化校园是通过利用计算机技术、网络通信技术对高校教学、科研和生活服务等所有信息资源进行全面的数字化，并进行科学规范的整合和集成，构成统一的用户管理、资源管理和权限控制，在"传统校园"的基础上，利用先进的信息化手段和工具，将现实校园的各项资源信息化，形成一个数字的虚拟空间。目前国内数字化校园在教学方面，主要有基于多媒体计算机的交互式多媒体教室，基于教学为中心的演示型多媒体教室，基于学科特点的专用学科教学科研媒介和基于开放性实验室的教学媒介等。在某些重视现代教育技术的大学校园内，任何地方都可以有线或无线上网，计算机网络系统已成为学校教育、科研、管理、服务、学习、生活等方面不可或缺的组成部分。

（二）　开发新型教材体系

除纸质书本形态的文字教材外，适应新教学方法的教材体系还包含非书籍形态的音像教材和计算机辅助教学软件，多媒体教学软件、课件，以电子出版物的形式出现的新型教材等。这些教材以多媒体（包括文字、图形、图像、动画、影像和声音）方式显示教学信息，提供全新的教学和学习方法，能够充分发挥教师和学生双方的主体作用。

（三）　构建教育网络资源系统

将各高校的教育信息资源通过计算机校园网络系统和地区性、全国性的教育信息资源联网，建立有特色的电子图书馆，能使高校教学获取资源的方法更加丰富。

这种先进的教育网络资源系统使多媒体教学成了教学方法的主要发展趋势。①演示型多媒体组合课堂教学。这主要是在多媒体教室中，利用视频平台、投影电视、多媒体计算机、录像机的有机组合将现代媒体与传统的教学媒体组合在一起进行课堂教学。②多媒体计算机和网络教学。利用多媒体计算机网络教室，教师利用服务器中的多媒体资源（或调用其他网络的多媒体资源）向学生进行集中演示教学。③交互型多媒体计算机个别化教学。利用多媒体网络，学生自己调用多媒体资源，通过人机交互进行学习。多媒体教学信息量大、直观，能激发学生的学习兴趣，发挥学生的主体作用，既提高了教学效率，也减轻了学生负担。尤其是电子教学课件等多媒体的引入，把教学中的难点、重点通过深入浅出的图像与动画等展现在学生面前，使学生对知识要点的掌握比较深刻，提高了教学质量。

参考文献

［1］张茂红，莫逊，李颖华. 高校教育管理与教学研究［M］. 北京：台海出版社，2022.

［2］张露汀，杨锐，郑寿纬. 高校教育教学创新研究［M］. 长春：吉林人民出版社，2021.

［3］刘娟. 高校管理与教育教学实践研究［M］. 长春：吉林教育出版社，2020.

［4］刘德建. 智能技术促进高校教育教学创新研究［M］. 北京：科学出版社，2022.

［5］李玉萍. 高校教师信息化教学能力发展研究［M］. 合肥：中国科学技术大学出版社，2021.

［6］于俊清，王士贤，吴驰. 高校信息化建设与管理［M］. 武汉：华中科技大学出版社，2021.

［7］胡建文. 信息技术与高校体育教学模式融合研究［M］. 长春：吉林出版集团股份有限公司，2021.

［8］刘思延. 高校教育教学管理实践与创新发展［M］. 哈尔滨：哈尔滨出版社，2021.

［9］王慧. 现代教育理念下的高校教育教学管理研究［M］. 北京：化学工业出版社，2021.

［10］解方文. 高校教育创新及其管理体系的建设［M］. 北京：经济管理出版社，2020.

［11］刘贝妮. 高校教师过度劳动问题研究［M］. 北京：知识产权出版社，2020.

［12］肖君. 教育大数据［M］. 上海：上海科学技术出版社，2020.

［13］何晓敏. 我国高校教学管理与信息化思维［M］. 长春：吉林人民出版社，2020.

［14］曲巍巍. 现代信息技术融入高校英语教学［M］. 长春：吉林出版集团股份有限公司，2020.

［15］王松，于海浩. 大学体育信息化教程［M］. 北京：北京体育大学出版社，2020.

［16］杨阳. 高校档案管理信息化建设［M］. 长春：吉林文史出版社，2019.

［17］郝庆波，张晓楠. 大数据时代高校教师教学能力提升策略研究［M］. 长春：吉林人民出版社，2020.